Todos los libros de Linkgua Ediciones cuentan con modelos de Inteligencia Artificial entrenados por hispanistas. Pregúntale al chat de tu libro lo que desees acerca de la obra o su autor/a.

Para ebooks: Accede a nuestro modelo de IA a través de este enlace.

Para libros impresos: Escanea el código QR de la portada con tu dispositivo móvil.

Obtén análisis detallados de nuestros libros, resúmenes, respuestas a tus preguntas y accede a nuestras ediciones críticas generativas para una experiencia de lectura más enriquecedora.
La transparencia y el respeto hacia la autoría de las fuentes utilizadas son distintivos básicos de nuestro proyecto. Por ello, las respuestas ofrecen, mediante un sistema de citas, las fuentes con las que han sido elaboradas.

Juan Valera

Nuevas cartas americanas

Barcelona **2024**
Linkgua-ediciones.com

Créditos

Título original: Nuevas cartas americanas.

© 2024, Red ediciones S.L.

e-mail: info@linkgua.com

Diseño de cubierta: Michel Mallard.

ISBN rústica: 978-84-96290-34-1.
ISBN ebook: 978-84-9897-958-9.

Sumario

Brevísima presentación

La vida

Juan Valera (Cabra, Córdoba, 1824-Madrid, 1905). España.
Político y diplomático, fue un hombre culto y refinado, con numerosas aventuras amorosas y amistades literarias. Se inició en el servicio diplomático con el duque de Rivas cuando este era embajador en Nápoles, y allí estudió griego. Más tarde estuvo en Portugal, Rusia, Alemania, Brasil, Estados Unidos, Bélgica y Austria.

Un hombre de mundo

Valera es un personaje atrapado entre su experiencia como viajero, su fascinación por las culturas ajenas y su convicción de que Europa y, en consecuencia España, habían construido los cimientos del mundo. La independencia política de las últimas colonias españolas, la influencia del pensamiento positivista en la actividad intelectual de Latinoamérica, el pragmatismo de los Estados Unidos o una diplomacia internacional que empezaba a tener que dialogar con fuerzas plurales, no supeditadas a la hasta entonces idea unitaria de un Occidente cristiano, exigen a Valera escribir con una sinceridad digna de reflexión:

> Todavía comprendo yo, aunque no aplauda, que me niegue usted al real Ente Supremo y a la Virgen Madre, real y efectiva, a quien llaman los católicos María Santísima; pero lo que ya no se puede aguantar es que a la gran multitud de negros, chinos, europeos, hotentotes, cafres, indios, etc., me los sume usted bajo el denominador común de hombres y luego me convierta en Dios y en Virgen Madre esta suma.

Valera piensa con las herramientas y las convicciones de un occidental sin tapujos, que en ocasiones puede resultar conservador pero que está marcado por sus viajes y una mezcla de experiencia cultural y empirismo primario:

Que hay un orden y un plan en la historia cuya ley es el progreso; que Europa está predestinada y cumple esta ley desde hace cerca de tres mil años; que las naciones que en la antigüedad hicieron más por este progreso fueron Grecia y Roma; que en los tiempos modernos ni los adelantos en las ciencias, ni la perfección de las bellas artes, ni el brillo de la literatura, ni el desarrollo de la industria se explicarían, como dice Littré, si se suprimiese uno solo de los grandes órganos del espíritu de la humanidad: Italia, España, Francia, Inglaterra y Alemania. Todo esto me parece muy atinado. Yo voy casi hasta a dar la razón a Littré cuando afirma que los tres tiranos más retrógrados, los que más se han opuesto a la ley del progreso, han sido Juliano el Apóstata, Felipe II y Napoleón I.

Todo esto le permite hablar con la pasión del historiador y las referencias del diplomático:

Según los datos que me da Ernesto Van Bruyssel (La Republique Argentine), en 1880 solo a Buenos Aires llegaron cerca de 70.000 inmigrantes, y en 1887 más de 120.000. Si así continúa creciendo la inmigración, donde predomina el elemento italiano, tal vez dentro de diez o doce años haya más gentes venidas de Italia que de origen español, desde las fronteras de Bolivia hasta el extremo austral de la Patagonia, y desde Buenos Aires y Montevideo hasta más allá de Mendoza.

En los quince años que van desde 1855 a 1870 ha entrado en la República Argentina un millón de emigrados. Bien podemos, pues, calcular, no haciendo sino duplicar el número en los años que quedan de siglo, que al empezar el siglo XX habrá en la República Argentina cinco millones más de población no criolla, o venida de fuera, y principalmente de Italia. Yo entiendo, con todo, que en el pueblo argentino hay fuerza informante para poner el sello de su propia nacionalidad a esta invasión pacífica y provechosa, y que en 1900, lo mismo que en 1889, habrá allí una nación de carácter español y de lengua castellana, solo que ahora consta esta nación de cuatro o cinco millones de individuos y en 1900 acaso conste de 18 o de 20 millones.

En medio de comparaciones antropológicas y de conjeturas acerca de cómo hubiera sido la historia de América sin la presencia de España, destaca la paradoja que encarna la figura de Valera. Estamos ante alguien que muestra con extraña elocuencia las posibilidades del proyecto moderno de la España del siglo XIX:

> Un ilustre cubano, don Rafael Merchán, que vive en Bogotá ahora, se extrema más que usted en esta acusación. Todo iba por ahí divinamente. Acaso habían sido Manco-Capac y Bochica más sabios que Sócrates y que Aristóteles. Acaso, si no llegamos ahí los españoles, los indios se perfeccionan, nos cogen la delantera, y son ellos los que vienen a Europa a civilizarnos. Si Colón, Cortés y Pizarro no van a América en los siglos XV y XVI, es probable que en el XVII los emperadores aztecas o los incas nos hubieran enviado navegantes y conquistadores que hubieran descubierto, conquistado y civilizado la Europa allá a su modo.

En Nuevas cartas americanas aparece el punto de vista peninsular ante los movimientos de Independencia de Latinoamérica y las reivindicaciones históricas del Nuevo Mundo, en específico de Cuba. Se trata de una percepción muy distinta a la que muestra la historia oficial de América, con una visión descarnada de los orígenes étnicos de Latinoamérica, aunque esgrime argumentos económicos y políticos que merecen atención.

Al Excelentísimo Señor don Antonio Flores

Presidente de la República del Ecuador

Mi querido amigo: Poco valen estas Nuevas cartas americanas, pero me atrevo a dedicárselas, confiado en la bondadosa indulgencia de usted que les prestará el valer de que carecen.

Aunque mi propósito al escribirlas es puramente literario, todavía, sin proponérmelo yo, lo literario trasciende en estos asuntos a la más alta esfera política.

La unidad de civilización y de lengua, y en gran parte de raza también, persiste en España y en esas repúblicas de América, a pesar de su emancipación e independencia de la metrópoli. Cuanto se escribe en español en ambos mundos es literatura española, y, a mi ver, al tratar yo de ella, propendo a mantener y a estrechar el lazo de cierta superior y amplia nacionalidad que nos une a todos.

Es evidente que yo, que siempre fui un crítico suave, no había de ser severo con mis semicompatriotas de ultramar; pero también es evidente que ni debo ni quiero ganarme la voluntad de nadie con lisonjas. Además, a lo que muchos sujetos afirman, yo no sirvo para lisonjear, aunque lo desee. Suponen que me sucede, si bien en sentido contrario, lo que a aquel famoso profeta que fue, por orden del rey de los hijos de Moab, a maldecir a los hijos de Israel. Levantó siete altares, sacrificó becerras, hizo otras ceremonias, y subió a un cerro, desde donde se oteaba la llanura en que los israelitas tenían desplegadas sus tiendas. Desde allí quiso maldecirlos, y Dios desató su lengua y le movió a entonar un cántico de bendiciones. Subió luego a otro cerro, volvió a querer maldecir y bendijo de nuevo, sin poderlo remediar. Si a mí, como aseguran, me sucede algo parecido, ya pueden ustedes confiar en que no hay adulación en mis alabanzas y no agradecérmelas, pues son involuntarias. Y cuando hubiere algo de censura, deberán perdonármelo también por el mismo motivo.

Es aún más perdonable mi censura, si se atiende a que las más veces me induce a censurar, a pesar mío, la exageración con que algunos escritores de por ahí, por exceso de americanismo, ponderan las crueldades espantosas que cometieron los españoles de la conquista y del período colonial. Si esto hubiera llegado hasta el extremo que dichos escritores aseguran, yo no dejaría de aplaudir la maravillosa imparcialidad histórica con que sostendrían la verdad; pero no sabría yo disimular que, al sostenerla, arrojarían sobre ellos mayor injuria que sobre nosotros, porque la sangre española que corre por sus venas procede, más que la nuestra, de aquellos atroces forajidos, y la sangre india, en lo que de indios puedan tener, es de una raza que, según afirman Montalvo y otros, nosotros hemos envilecido y degradado para siempre con nuestros malos tratos y con nuestra brutal tiranía.

Estas consecuencias son tan absurdas como las premisas de donde se sacan. Así trataré de probarlo detenidamente, aunque no gusto de polémicas, cuando replique, si tengo vagar y ánimo, a los señores Mera y Merchán que han escrito contradiciéndome.

Entretanto me inclino a creer que mucho de lo que se dice contra nosotros se dice por el prurito de aparecer muy sentimentales y muy ilustrados a la moda de París y de Londres, sin que se advierta que ni franceses ni ingleses fueron nunca más que nosotros humanos y benignos.

Fuera de este momentáneo extravío, el señor Mera es tan excelente sujeto como buen escritor, y nos quiere bien. Nos aborrecería, y con razón sobrada, si entendiese que los españoles fueron a esa otra banda para echarlo todo a perder. Creamos, pues, como es justo, que los españoles fueron a América para extender en ella la civilización europea, por cuya virtud alcanzó América la potencia de igualarse con Europa y acaso de superarla en lo futuro.

No quiero molestar a usted distrayéndole, con más larga carta, de sus importantes cuidados.

Adiós y créame siempre su afectísimo y buen amigo, q. b. s. m.,
Juan Valera

Nueva religión

A don Juan Enrique Lagarrigue

I

Muy amable y simpático señor mío: Hace ya mucho tiempo que recibí, con fina dedicatoria manuscrita, un ejemplar de la importante Circular religiosa, que imprimió y publicó usted en Santiago de Chile, en el día 6 de Descartes del año 98 de la Gran Crisis, fecha que, en nuestra vulgar cronología, corresponde al día 13 de octubre de 1886. No extrañe usted mi largo silencio ni le atribuya a desdén. Su obra de usted fue leída al punto por mí con avidez y curiosidad, y releída luego varias veces con interés que ha ido siempre en aumento. Bien dijo él que dijo que el estilo es el hombre. Yo doy tal valer a la máxima, y me guío de tal suerte por ella, que creo conocer a usted, con solo leerle, como si le hubiera tratado íntimamente toda mi vida. Hay, en cuanto usted expone, la más profunda convicción, el entusiasmo más fervoroso y el más puro amor por el bien, de todo el humano linaje, por donde yo me persuado de que, en esa república, haga usted o no pro-sélitos, ha de ser usted considerado como varón virtuosísimo y excelente, respetado y querido por todos sus conciudadanos. Cuando el Caballero del Verde Gabán, yendo de camino con don Quijote y Sancho, explicó a éstos su modo de vivir, sentir y pensar, Sancho le halló tan bueno y tan ajustado, según diríamos ahora, a sus ideales, que penetrando hasta sus entrañas las frases del Caballero, se las derritieron de ternura y se las encendieron en afectos de amistad y veneración, movido de los cuales se apeó del asno y fue a besar los pies aquel bendito hidalgo, a quien calificó y preconizó de santo a la gineta. Algo parecido me ocurrió a mí cuando hube leído la circular de usted; y, abandonando mi espíritu sus vulgares ocupaciones, desechando sus cuidados prosaicos y mezquinos, apeándose también de su asno, saltó por montes y valles, atravesó el Atlántico, pasó la línea equi-noccial, corrió por toda la extensión de la América del Sur, voló por cima de los Andes y llegó hasta la ciudad y casa de usted (calle de la Moneda, núm. 9), donde dio a usted un abrazo muy apretado. Pero, como esta visita y esta muestra de mis simpatías se hicieron por arte etérea, ni usted ni el público se habrán percatado de nada, y así lo juzgo excusado escribir a usted, aunque tarde, y hablar de las ideas y planes de usted, cuya bondad me seduce, aunque de su realización me quepan dudas.

¿Quién sabe si lo que yo diga podrá ser útil por algún lado? Acaso valga mi escrito para divulgar en España el sistema de usted y ganarle parciales; acaso para remover inconvenientes; acaso para disipar estas o aquellas de las dudas que, como he dicho, me asaltan los sistemas y pensamientos de los hombres son o parecen mayores vistos desde lejos. Hay en ello algo de más mágico que en la linterna mágica. ¿Cómo negar que Augusto Comte y su positivismo han ejercido y ejercen aún grande influjo en toda Europa? Difundida por el laborioso, infatigable, fecundo y sabio Emilio Littré, la doctrina del maestro se dilata, desde París, por todas las regiones de la tierra; pero el talento crítico, frío y excesivamente razonador de Littré, despoja de fervor la doctrina y hace que llegue tibia hasta nosotros, como la claridad de la Luna. En cambio, en la mente de usted, como rayos de Sol en espejo ustorio, convergen y se reúnen todas las llamas y fogosidades de Augusto Comte, que, reflejadas así, abrasan, funden y volatilizan los corazones. Es más, y vuelvo a mi símil de la linterna mágica; lo que pensado y expuesto en París por Augusto Comte, visto de cerca, me parece pequeño, como es pequeña la figurilla pintada en el vidrio, toma en el espíritu de usted colosales y magníficas proporciones, como el espectro que ya a larga distancia a proyectarse en cándido muro. En las elocuentes páginas de la Circular de usted palpitan brío tan noble, amor tan entrañable del bien de la humanidad y fe tan poderosa, que a pesar de mi maldito escepticismo, hay momentos en que me dejo arrebatar y transpongo, parodiando a Moisés, a la cumbre del monte Nebo, y me parece que descubrió la tierra prometida, o por mejor decir, que veo renovada toda la faz de la tierra y que la nueva Jerusalén baja engalanada del cielo con vestiduras relucientes de fiesta sin fin y de perenne consorcio. Por desgracia no es todo oro lo que reluce, y quién sabe si encajará aquí como de molde la manoseada cita que dice:

> ¡Lástima grande
> que no sea verdad tanta belleza!

Casi todos los preceptos que impone usted al género humano para que alcance sus más gloriosos destinos, son, a mi ver, tan sanos y beatificantes que no hay más que pedir, y si los siguiésemos sería el mundo un paraíso; pero aquí está el toque de la dificultad: en que usted va a predicar en desierto, como predicó mi santo y otros, en que nadie va a hacer caso de usted y en que todos van a, continuar en sus vicios y malas mañas.

A usted se le antoja todo muy llano con tal de que el egoísmo se convierta en altruismo; pero ¿de qué medio nos valdremos para hacer esta conversión? Yo no quisiera calumniar la naturaleza humana; yo reconozco, aplaudo y proclamo los arranques generosos de que es capaz; pero ¿no habrá en el fondo de nuestro ser algo de radicalmente egoísta? ¿Por qué pasa siempre por axiomática la sentencia de que la caridad bien ordenada empieza por uno mismo, sentencia que no pocas personas avillanan transformándola en esta otra: cada cual arrima el ascua a su sardina? Usted mismo destruye, contradice o menoscaba el altruismo en la sentencia capital que pone al frente de su bello discurso. «Vivamos —dice usted—, para los demás: la familia, la patria, la humanidad.»

Con esto concede usted cierta predilección a la patria sobre la humanidad, y a la familia sobre la patria, de suerte que mientras más estrecho es el círculo de los objetos amados, y más exclusivo es, y más cerca está de nuestra persona, como si fuese emanación o irradiación de la persona misma, más activo es el amor que se le consagra. No hay razón, pues, para que la progresión de amor quede incompleta, sin el término que en el texto de usted le falta, y que viene ponerse en él, natural y forzosamente, traído por dialéctica impersonal e irresistible. Así es que el que lea el precepto y se decida a seguirle dirá en el fondo de su conciencia: yo amo y quiero amar a la humanidad y comprendida en la humanidad a la patria, y comprendida en la patria a mi familia, y comprendida en mi familia a mi persona. Con lo cual es indudable que todo irá comprendido en el amor de la humanidad como en superior predicamento: pero sucederá que mientras más alto y comprensivo sea el término en esta escala de lo amable, más vacío estará de razones y motivos para ser amado, ya que cada uno de los atributos que constituyen las diferencias es en lo amable una razón y un motivo más para que lo amemos.

Amaremos a la humanidad por mil razones, pero dentro de la humanidad está la patria, para cuyo amor hay, sobre las mil quinientas razones más; y dentro de la patria, la familia, con otras nuevas quinientas razones, lo menos, y dentro de la familia, uno mismo, con todas las razones que hay para amar a la humanidad, a la patria y a la familia, y además con nuevas razones, fundadas en aquellos predicados o atributos que me diferencian, distinguen y determinan dentro de la humanidad, de la patria y de la familia. Resulta, pues, que el altruismo es falso, que no se da dialécticamente, que solo puede amarse uno a sí mismo sobre todas las cosas, como no sea a Dios a quien ame. En mi sentir, uno puede amar más que a sí mismo, no solo a Dios, sino a todas sus criaturas, cuando las ama por amor de Dios; pero sin este amor de Dios, uno se ama a sí mismo más que a nadie.

Entiéndase que hablo, según dialéctica: con fundamento racional. Yo no niego que el ateo tétrico o práctico, el ateo que niega a Dios o que le arrincona y neutraliza, arda en caridad, que él llama altruismo, pero sostengo que entonces, con inconsecuencia dichosa y bella, ama a los demás seres por amor de Dios, sin saberlo, y negando a Dios, y no viendo el lazo misterioso que le une con los demás seres, y que es Dios y no puede ser sino Dios.

En este caso, la efusión generosa del amor, que se sobrepone al egoísmo, provendrá de cierta inclinación sublime, de cierto ímpetu instintivo, de cierto ciego impulso del alma que nos lance a la devoción, al sacrificio, a buscar el bien de los demás, aun a costa del propio bien: pero un sistema tan sabio como el de Augusto Comte no debe ni puede fundarse en esto. Además, si el altruismo fuese instintivo y congénito, no sería educable o asequible por educación. ¿Cómo íbamos a convertir en altruista al que fuese egoísta a nativitate?

Y si se me dice que las ciencias sociales y políticas, exactas y naturales, van a ordenar tan lindamente las cosas que acaben por hacer de suerte que el interés bien entendido esté en ser altruista, porque el bien general vendrá a ser el mayor bien singular mío, y todo crimen, todo delito, toda infracción de la ley moral, no será sino un error, una mala inteligencia de mis propios intereses, una locura, en suma, diré que no me parece muy probable que las ciencias lleguen a conseguir tanto; pero que, si a tanto llegasen, no llegarían al altruismo verdadero, sino a que el egoísmo bien entendido produjese los mismos efectos que el altruismo más puro. Entonces, allá en la profundidad de cada conciencia, en las intenciones, habría devoción y caridad, o sórdido interés y bellaquería; pero en toda acción ejecutada, no habría sino necedad o discreción, cordura o locura. Los hombres, en la vida práctica, no serían buenos o malos, sino tontos o discretos, cuerdos o locos.

Ya ve usted que yo vengo a parar a una conclusión contraria a la de usted. Quita usted a Dios como base de la moral, y yo concluyo, por todos los caminos que tomo, por no hallar moral sin el concepto de Dios, que le sirva de base. Y no por los premios y castigos con que la moral se sanciona, lo cual es un sofisma de todos los ateístas al uso, sino porque Dios es el objeto y el fin y la razón del amor, cuando el amor no hace que nos amemos sobre todas las cosas. Dios es el centro de todo bien, el foco de la caridad, la luz y el fuego, que entiende e ilumina los corazones. Si usted le apaga nos quedamos fríos y a oscuras. Yo me encanto de leer la purísima moral que usted predica, y que no es otra moral sino la cristiana; pero como usted me quita a Dios y me apaga su luz, me entran ganas de decir a usted lo que le dijeron al mono que enseñaba la linterna mágica con la luz apagada:

¿De qué sirve tu charla sempiterna,
si tienes apagada la linterna?

No, señor Lagarrigue, un creyente en Dios, que hace obras de virtud, no debe hacerlas por el egoísta interés de ganar el cielo, ni debe abstenerse del pecado para que no le echen a freír en las calderas de Pedro Botero, sino que debe decir a Dios:

Aunque no hubiera cielo yo te amara
y aunque no hubiera infierno te temiera,

y ser bueno por amor suyo, o sea por amor del bien, no abstracto, sino vivo y personificado en Dios. Porque ¿dónde ha visto usted que nadie se enamore de abstracciones o de generalidades sin sustancia? Yo soy más positivista que usted y que Augusto Comte, en el recto sentido de la palabra, y no me cabe en la cabeza que nadie ame lo ideal, sino como manifestación y apariencia, imagen o trasunto de una realidad soberana; ni puedo convertir el nombre genérico que se da al conjunto de todos los hombres, y que es un concepto lógico vacío, en ser individuo, objeto de mi amor, a quien unas veces llame yo Humanidad, otras Ente Supremo, y otras Virgen Madre.

Todavía comprendo yo, aunque no aplauda, que me niegue usted al real Ente Supremo y a la Virgen Madre, real y efectiva, a quien llaman los católicos María Santísima; pero lo que ya no se puede aguantar es que a la gran multitud de negros, chinos, europeos, hotentotes, cafres, indios, etc., me los sume usted bajo el denominador común de hombres y luego me convierta en Dios y en Virgen Madre esta suma. Enójese usted o no conmigo, he de decirle la verdad. Me aflige ver que un entendimiento tan delicado y alto como el de usted, un juicio tan sano y un corazón tan recto y amoroso, se trastornen y echen a perder por esta pícara manía que nos entró, hace siglos, a casi todos los españoles de nación, o casta y lengua, de seguir las modas de París. Yo confieso y declaro, sin envidia, si bien con algún estímulo de emulación, que en París todo se hace mejor y con más arte y gracia, desde la cocina y los trajes hasta los libros, pero elijamos, al menos, lo mejor con atento y atinado criterio, ya que no inventemos y hagamos algo original, no menos divertido, y no tan disparatado. De todos modos, el positivismo, tal como viene expuesto por usted en la Circular, con superior elocuencia de lenguaje que la de Augusto Comte, y con más poesía y entusiasmo que los de Emilio Littré, debe examinarse y refutarse hasta donde en cartas brevísimas sea posible.

II

No comprendo que ningún optimista sea ateo, y menos comprendo aún que lo sea usted, que es el más optimista de cuantos optimistas he conocido. Aunque yo no aplauda, me explico al pesimista tétrico que no acierta a conciliar la bondad y el poder infinitos de Dios con el mal moral y físico que hay en el mundo, y niega a Dios, prefiriendo la negación a la blasfemia; pero, si el mal es transitorio y ha de venir al cabo a resolverse en bien, resulta la plena justificación de Dios y el cumplido acuerdo de su bondad y de su poder infinitos con la perfección y excelencia de su obra, la cual aparece sin mancha, en la plenitud del tiempo, así en cada singular criatura, como en el conjunto o totalidad de la creación entera.

A mi ver, usted hace el más elocuente discurso que puede hacerse contra los ateístas al sostener (no diré al probar) que todo está divinamente; que cuanto existe va caminando a un fin dichoso, y que esta escena del universo y este drama de la historia terminarán en el más alegre desenlace, en una fiesta espléndida y en un perenne regocijo.

¿Por qué hemos de excluir de esta fiesta a Dios, que es, a lo que entiendo, quien nos la prepara? Paso porque excluyamos de la fiesta al diablo, contra cuya voluntad y propósito se celebra; pero a Dios... me parece una ingratitud y una grosería.

Y, sin embargo, hasta sobre lo de excluir al diablo hay no poco que decir. Discurramos, no metiéndonos en muchas honduras, sino como pudiera discurrir un racionalista de medianos alcances.

Tal vez, diremos entonces, allá en el horror de la caída del Imperio Romano y de la civilización antigua, y durante la ulterior tenebrosa barbarie que duró hasta el Renacimiento, hubo de corroborarse el dogma de las penas eternas; pero este dogma repugna a los hombres de nuestro siglo por oponerse, a lo que ellos imaginan a la bondad del Altísimo, a quien convierte en tirano, enemigo de indultos y amnistías. ¿Quién sabe si, por esto, los más ilustres padres de la Iglesia griega, y muy especialmente san Clemente de Alejandría, Orígenes y ambos Gregorios, de Nacianzo y de Nyssa, dejándose a arrebatar por las sublimes esperanzas que había infundido en sus espíritus el cristianismo, concibieron el fin del mundo según el gusto de ahora, creyendo que todo se resolvería en bien y que hasta el diablo habría de reconciliarse con Dios y ser perdonado? ¿Cómo excluirle de la magnificencia y pompa de la fiesta final y del júbilo perdurable? ¿Cómo no hacer que tenga término el dualismo, que la redención se complete, y que haya bienaventuranza para todos, ora la obtengan unos más tarde y otros más temprano?

Sea de ello lo que sea, no cabe duda en que, así en la teología de toda religión revelada, como en la teología natural, fundada solo en humano y racional discurso, es gran prueba de la existencia de Dios y hábil refutación de los más válidos argumentos de los que la niegan el afirmar la bondad infinita de la Providencia soberana y omnipotente.

Para llegar al error, lo mismo que para llegar a la verdad, hay cierto enca-
denamiento dialéctico. Cuando siguiéndolo, se llega por él a la verdad, la
verdad brilla más clara. Cuando se va por él hasta el error, el sofisma se
disimula, y el error tiene visos y vislumbres de razón y de ciencia. Y, por el
contrario, el error antidialéctico, parece aún más disparatado, si cabe. Aplicado esto al ateísmo, se ve que el pesimista tiene fundamento racional en
su extravío. Si todo está mal, si el hombre está condenado y si el universo es
un infierno y guerra perpetua la vida, preferible es negar a Dios a abominar
de él. Pero si está bien todo, si nada puede estar mejor de lo que está, el
ateísmo no se concibe.

Para mí es de toda evidencia que, así en el fondo de mi alma, como en
el fondo del alma de todo prójimo mío, dado que como usted, crea en la
felicidad, y dado que espere salvación, redención, buen éxito en cualquiera
cosa, está el convencimiento profundo de que ni él, ni ningún semejante
suyo, ni toda la suma de sus semejantes, basta a salvarle, a redimirle, a hacer
su ventura, y a ordenar las cosas todas según un plan indefectible y dies-
tramente trazado a fin de que vengan a parar en general bienaventuranza
en colmo de bienes. Tiene, pues, que suponer un ser inteligente y mil y mil
veces más poderoso que él y que todos los hombres habidos y por haber en
lo futuro, a quien deba tantos beneficios.

De esta consideración, harto fácil de hacer, nace que yo juzgue muy desatinado el ateísmo optimista y que no me inspire temor; que resulte chistoso,
por implicar de parte del ateo el más extremado alarde de pueril vanidad, y
que provoque a risa.

De la que a mí me cause espero yo que usted no se enoje. No recae en
la persona, sino en la doctrina, que tantos y tantos filósofos y pensadores
comparten hoy con usted, porque está de moda el ateísmo.

Entienden estos sujetos, que se jactan de ilustrados y progresistas, que
Dios entra en el número de los obstáculos tradicionales, supersticiones y
abusos, que todo buen liberal debe suprimir; que Dios es contrario a la
ciencia, que Dios es contrario al progreso, y que, pasada ya la edad de
la fe, y viviendo, como vivimos, en la edad de la razón, es menester quitar
a Dios del medio, como quien quita un estorbo. Así pensaba en Europa
Augusto Comte, así piensa la gran mayoría de sus discípulos, y así piensan

y predican, usted en Chile, en México don Jesús Ceballos Dosamantes, a quien he escrito ya varias cartas, y en los Estados Unidos el coronel Roberto Ingersoll, de quien, por ser americano como usted y en Europa poco conocido, he de hablar con extensión en estas nuevas cartas que la Circular de usted me inspira.

Para evitar logomaquias conviene distinguir bien a Dios en sí del concepto o idea que de Dios nos formamos, por más que solo le conocemos por este concepto o idea, a la cual, univocándola con Dios, llamamos Dios.

Debemos decir con el místico alemán Novalis: «Lo que se dice de Dios no me satisface, la sobredivinidad es mi luz y mi vida». Esto es, que el verdadero Dios está muy por cima del concepto que yo de Dios me formo. Y si Dios está hoy muy por cima del concepto que de él me formo, ¿cuánto más no lo estaría del concepto que de él se formaban hasta los hombres de mayor santidad y de mayor entendimiento hace diez, veinte o treinta siglos, en el seno de una sociedad bárbara y ruda, mucho menos moral, más ignorante y más cruel mil veces que la de ahora? Cierto ingenioso amigo mío, glosando a su modo la célebre frase de que Dios está in fieri, en el llegar a ser, lo cual es indudable si se aplica a nuestro humano, racional y limitado concepto de Dios, siempre deficiente aunque va siempre creciendo, decía que Dios hoy le llevaba mucha ventaja, pero que dentro de cierto número de años, sería él y valdría él mucho más que Dios ahora. Ocurriría, no obstante, que Dios en este tiempo habría ganado tanto que se le adelantaría mil veces más que ahora se le adelanta, y así hasta lo infinito, por manera que jamás su mente, ni ninguna otra mente humana, lograría alcanzar y comprender a Dios.

Despojado esto de su aparato paradoxal, que le da trazas de blasfemia, es afirmación juiciosa y hasta de mucha sustancia. Para el hombre que vive en la sucesión de los tiempos, y que vive breve y trabajosa vida, en el seno de las cosas finitas y caducas, no hay más forma de concebir a Dios que prestándole cuantas cualidades hay en el hombre, elevadas por la imaginación a infinita potencia. Si prescindimos, pues, del fetichismo más irracional y grosero o de un simbolismo antiestético que tal vez representa y adora las fuerzas naturales por medio de monstruos, no hay religión ni teodicea o filosofía de lo divino que no sea antropomórfica. Sin duda por un esfuerzo de ingenio logramos abstraer de este concepto de Dios la sustancia material y reducirle a puro espíritu; pero este espíritu será siempre como el nuestro, magnificado y sublimado, en cuanto vemos en él de mejor o mejor nos parece.

De lo dicho se deduce que cuando la humanidad, en un período de civilización, o el individuo, en un momento de su vida en que se ha ilustrado y pulido algo más de lo que estaba, llega o se figura que llega a ponerse por cima del concepto que de Dios tenía, le deseche por falso o por incompleto. Entonces el que llega a tal situación de espíritu hace una de estas tres cosas: o forma de Dios otro concepto más alto, o venerando y respetando el concepto de Dios, que tuvo y que ha desechado, prescinde ya de Dios en sí, porque le niega o le supone incognoscible, o bien, no solo niega a Dios, sino que se vuelve furioso contra todo concepto que de él ha formado hasta su tiempo la mente humana, en su marcha progresiva, a través de varias evoluciones.

Esto último es lo más absurdo. Podemos llamarlo antiteísmo o enemistad a Dios. Don Jesús Ceballos Dosamantes y el coronel Roberto Ingarsoll son de estos enemigos en el Nuevo Mundo. En este viejo mundo hay tantos, que llenaría yo pliegos enteros con solo citar nombres de los más famosos.

Por dicha, usted no pertenece a esta clase, sino a la clase de los que siguen el segundo camino. En esta clase hay mil grados y matices, pero, en fin, casi todos los que a ella pertenecen tienen el buen tino y mejor gusto de reverenciar las antiguas creencias religiosas, aun desechándolas ya. En ellas ven, en cada momento histórico, en cada evolución, la más fecunda causa de progreso y de mejora. El supremo ser que imaginó el creyente fue, según ellos, el más alto ideal del hombre mismo objetivado, o digase exteriorizado, para servirle de guía y de modelo.

Augusto Comte, Littré y usted son así; pero usted de modo más terminante y claro supera y vence a sus maestros en esta veneración de Dios en la historia. Para usted no hay hombre que valga lo que san Pablo después de Cristo y después de Augusto Comte. San Pablo para usted hubiera sido el apóstol de las gentes en el positivismo si hubiera nacido ahora, y el más ferviente deseo que usted muestra es el de que le salga o le salte a Augusto Comte su respectivo san Pablo.

El respeto de usted hacia lo pasado, la equidad de usted, el imparcial criterio con que usted practica la máxima de distingue los tiempos y concordarás los derechos, son tales que, después de san Pablo, no hay hombre a quien usted ensalce más (y yo le aplaudo y me adhiero a las alabanzas) que a nuestro admirable san Ignacio de Loyola.

En todo esto, usted es fiel a Augusto Comte y a Emilio Littré; pero usted es más claro, más franco y más explícito. Claro, cuando nos pinta el estado del alma de Littré, después de haber negado, añade: «La filosofía positiva vino a calmar todas las fluctuaciones de su espíritu, fijando su nuevo punto de vista, que es tratar las teologías como un producto histórico de la evolución humana, y convencernos de lo relativo de nuestro entendimiento, y no afirmar ni negar nada en presencia de un inmenso incognoscible». En nombre de la evolución histórica, se reserva Littré el derecho de no ser «el menospreciador absoluto del cristianismo y de reconocer sus grandezas y sus beneficios». Littré va más allá: Littré confiesa que «no siente ninguna repugnancia a prestar oído a las cosas antiguas que le hablan en secreto y le echan en cara el que las abandone».

En esta situación de ánimo está usted lo mismo que Littré. Ambos piensan ustedes que hay incompatibilidad entre toda teología y el moderno concepto del mundo; pero ambos ven que las religiones entran en el tejido íntimo de la historia del desenvolvimiento humano, y así, al alabar este desenvolvimiento y la civilización a que nos ha traído, alaban las religiones que han creado o informado dicha civilización.

Y sin embargo, ambos niegan ustedes toda religión, si bien la niegan, no porque quieren, sino porque suponen que no pueden menos de negarla. Parodiando a Pío IX, dicen ustedes: Non possumus.

Tenemos, pues, a ustedes ateos, imaginando que lo son a pesar suyo, porque en el concepto del Dios de los creyentes no cabe el concepto que, según la ciencia, tienen ustedes o presumen tener de las cosas todas.

El conflicto entre la razón y la fe, entre la religión y la ciencia, se diría que es la causa de todo. No parece sino que es ahora nuevo y recién nacido este conflicto, cuando en realidad, y entendido, no del modo burdo que le entienden Draper, Büchner y otros materialistas, sino por estilo sublime, es conflicto que existe desde que hubo hombre que se puso a filosofar. Elevado este conflicto a su mayor altura, es raíz de lo que llaman los místicos contemplación negativa, por la cual negamos a Dios todo lo que por afirmación le atribuimos: destruimos el concepto de Dios que por afirmación nos hemos formado. Y así, copiando aquí las palabras del iluminado y extático padre fray Miguel de la Fuente, diré «que Dios no es sustancia, porque es más que sustancia; ni es ser, porque excede infinitamente a todo ser, ni es bondad, porque es mucho más que toda bondad; y que Dios, en su ser esencial, no es grande, ni hermoso, ni sabio, ni poderoso, como nosotros le conocemos y le entendemos, porque es de otra muy diferente manera, la cual no la pueden comprender ni alcanzar todos los entendimientos juntos de hombres y de ángeles». «De aquí que cuanto lo supremo de nuestra alma puede entender y pensar de Dios, no es Dios.» Muchos santos llaman a este altísimo conocimiento de Dios ignorancia pura, tinieblas de luz inaccesible y falta absoluta de proporción entre nuestra mente y el ser de Dios, por lo cual, quien aspire a conocerle ha de cerrar los ojos.

Augusto Comte, Littré y usted los cierran sin duda, pero de muy distinta manera, y así se quedan sin el concepto de Dios por afirmación y sin el más puro conocimiento de Dios que nace de la contemplación negativa.

Y como conservan ustedes la aspiración y el sentimiento religiosos, ya sin objeto adecuado y condigno, inventan y procuran difundir la nueva religión atea de la humanidad y de su progreso.

III

La moral que predica usted en su Circular religiosa es, a mi ver, la más pura moral cristiana, así en lo que es de precepto, cuya omisión o infracción es pecado, como en lo sublime, que puede llamarse de exhortación y consejo, a donde no pueden llegar todos y que se pone como término de la aspiración virtuosa. Usted convida a sus prójimos al desinterés, a la devoción, al sacrificio. No hay virtud cristiana, cardinal que usted no recomiende e inculque. La prudencia, la justicia, la paciencia, la generosidad, la longanimidad para perdonar las injurias, la fidelidad en amistades y en amores, y hasta la castidad y la continencia virgíneas. ¿Qué he de decir yo a esto sino que está muy bien? ¡Ojalá que fuésemos todos tan buenos como usted quiere, que ya andarían las cosas mejor y la tierra sería un trasunto o antesala del Paraíso!

La diferencia, con todo, entre la moral cristiana y la moral de usted y de los positivistas, no está en los preceptos y consejos, sino en la base en que éstos se fundan. La moral cristiana tiene base sólida y bastante para sostener todo el edificio. La moral de usted está en el aire, o al menos fundada sobre terreno movedizo, inseguro e insuficiente. Usted, como Littré, funda la moral en razones empíricas y mezquinas. Esto en cuanto al principio. En cuanto al fin, yo hallo que ustedes los positivistas degradan y malean la moral sometiéndola a lo útil, aunque sea lo útil colectivo, y buscándole un fin práctico fuera de ella misma.

Para mí, cuando están bien entendidos los términos, no hay discusión que valga contra la sentencia que dice: «El arte por el arte». Y lo que digo en estética lo digo con más razón en moral. Yo no subordino lo bello a lo bueno, ¿cómo he de subordinar lo bueno a lo útil? Si lo subordinase, el fin justificaría los medios. La moralidad de cada acción se mediría por el provecho que sacásemos o que supiésemos que de ella íbamos a sacar para muchas personas, o para todas las que componen la nación o para todas las que componen el linaje humano. Esto sería muy peligroso y nos llevaría, con pretexto o motivo de hacer el bien, a incurrir en mil faltas y delitos, convirtiéndonos, con desmedida soberbia, en delegados y ejecutores de la Providencia o del Destino.

La Providencia, y para los que en ella no creen el Destino inflexible, es quien convierte el mal en bien, y no nosotros. Identificando lo bueno y lo útil vendríamos a justificar mil actos horribles que no sería difícil probar que tuvieron dichosísimos resultados. Tal tirano hizo que, triunfase en su país la unidad nacional, ejecutando infinitas barbaridades; tales bandidos fundaron la libertad y la independencia de su pueblo y aun extremando el argumento, bien se podría sostener que Caifás y Poncio Pilatos son dignos de gratitud y de encomio, ya que concurrieron como el que más, a la Redención, haciendo que crucificasen a Cristo. Filósofos modernos y exegetas hay, como Bruno Bauer y otros, que han hecho, siguiendo este modo de argumentar, la más brillante apología de judas Iscariote.

En cambio, cuando la moral pone en ella misma su fin, y no convierte en instrumento providencial consciente a cada individuo, la máxima del fin justifica los medios queda condenada y aparece en su lugar la hermosa máxima que dice: fiat justitia et ruat caelum.

No vale la distinción entre el egoísmo y el altruismo. No es para nosotros la utilidad más o menos general la medida de la moralidad de las acciones. El hombre bueno o justo hace lo que debe, suceda lo que suceda, aunque el universo se hunda.

Para el que tiene fe todo es sencillo y no hay conflicto posible. Cualquier acto suyo es el cumplimiento de un mandato del cielo. Acaso no prevé su utilidad; pero en un sentido elevado, en el plan divino del conjunto de las cosas y de los sucesos, su acto será útil, si bien él le hace, no porque va a ser útil, sino porque hay una ley que se le prescribe.

Cuando en ocasiones, o ya en la vida real, o ya en dramas y novelas, vemos alguna virtud muy calamitosa, y sentimos cierto deseo de que el héroe o la heroína de la historia afloje un poquito en virtud que tantos infortunios acarrea, es porque estamos relajados, es porque no damos grande importancia al precepto moral, con cuya infracción se evitarían por lo pronto las calamidades.

No hace mucho tiempo asistí yo a la representación de un drama francés, cuya heroína es una comedianta.

No es La Tosca; es otro nombre italiano de otra prima donna, del cual, por más que hago, no logro ahora acordarme. Pero el nombre importa poco. Lo que importa es el caso, y el caso es que la comedianta es tan severa y tan púdica que de resultas unos se suicidan, otros se matan en desafío, otros son perseguidos por no sé qué tirano, y otros se mueren de hambre y de miseria. Si la comedianta, en vez de ser tan cogotuda, hubiese sido, como hablando de la feroz Lucrecia dice Lope en cierto famoso soneto,

...más blanda y menos necia,

se hubieran ahorrado todos aquellos trabajos y desazones.

Pero claro está que esta idea de mirar la virtud como perjuicio y estorbo, ocurre porque la virtud es falsa, porque en el drama o en el caso real se nota sensiblería de mal gusto que excita a tan grotesca broma. Cuentan que el infante don Alfonso de Portugal disgustadísimo con que Amadís, por ser tan fiel a Oriana, tuviese tan desesperada a la princesa Briolanja, enamorada de él, hizo que el autor portugués de un nuevo Amadís, ablandase el corazón de este héroe y le moviese a ser caritativamente infiel, por donde se salvó la vida de aquella augusta y hermosa señora, y aun se dio vida a dos principillos gemelos, con ligero menoscabo de la gentil Oriana. Pero luego Garci Ordóñez de Montalvo volvió a poner la verdad en su punto, y convirtió a Amadís a su inmaculada fidelidad primitiva, sin la cual no hubiera acabado jamás la aventura de la Ínsula Firme, pasando por debajo del arco de los leales amadores, porque la estatua encantada le hubiera derribado con el espantoso son de su trompeta, en vez de celebrar su honestidad y su triunfo con una clarinada melodiosa y apacible.

Más patente se ve aún el peligro de subordinar lo bueno a lo útil, o de identificar ambas calidades, en el cuento de Voltaire, titulado «Cosi-Santa», linda dama de Hipona, cuya fidelidad conyugal dio ocasión a crímenes y desventuras, y que luego, con ser tres veces infiel y con tres distintos galanes, salvó la vida de su marido, de su hermano y de su hijo. Por donde supone Voltaire que Cosi-Santa murió en olor de santidad y hasta que la canonizaron y pusieron en su sepulcro:

Chico mal y mucho bien.

Y tal vez el infante don Alfonso de Portugal y Voltaire y otros muchos sujetos así, de manga ancha, tendrían razón, si lo útil y lo bueno se confundiesen: si no hubiese, por cima y con plena independencia de toda utilidad, el deber, el decoro y la honra; si no resonase con imperio en el fondo de nuestra alma aquel mandato que tan bien expresa Juvenal, aun siendo gentil, estigmatizando al que consiente en

...vitam preferre pudorl
Et propter vitam vivendi perdere causas.

Lo singular es que Littré, en el escrito titulado Origen de la idea de justicia, conviene en la distinción entre lo bueno y justo y lo útil. Dice que los que confunden lo útil con lo justo «causan detrimento al rigor de las nociones y a la claridad de las cosas». Y confiesa también Littré que la inmoralidad inspira aversión; que es espontáneamente odiada y despreciada, aunque no cause ningún perjuicio. Después añade: «Cuando obedecemos a la justicia, obedecemos a convicciones muy semejantes a las que nos impone la vista de la verdad. De ambos lados es mandato el asentimiento: ya el mandato se llame demostración, ya se llame deber».

Tenemos, pues, que el deber no nace empíricamente y por experiencia, sino que se impone con imperio y graba sus irrevocables preceptos en la conciencia por buril penetrante y con indeleble escritura.

Imposible parece que, después de esta afirmación de lo absoluto, de lo imperativo y de lo independiente y superior a lo útil que es lo justo, venga Littré a fundar la idea de la justicia y de toda moral en la concordancia o equilibrio de dos impulsos, del egoísmo y del altruismo. Y más insuficiente, ruin y frágil aparece aún el fundamento de Littré cuando añade que dicho egoísmo y dicho altruismo proceden de dos necesidades del hombre: la de alimentarse y la de propagar la especie.

Aunque me tilden de criticón y descontentadizo, ¿cómo no he de reírme y burlarme de estos descubrimientos de la novísima ciencia de experiencia, de observación, que no da brincos, que va con pies de plomo y con el método más severo, y que después de mucho afanar, se descuelga con semejantes antiguallas, olvidadas ya de puro sabidas? ¿Quién ha de negar que dos cosas mueven al hombre, según afirma Aristóteles, chistosamente citado por el famoso Juan Ruiz, arcipreste de Hita; mantenencia y ayuntamiento con fembra? Es verdad que el deseo de mantenerse y el de propagarse son los dos móviles primeros de todo ser con vida; de

Omes, aves, animalias, toda bestia de cueva.

como sigue explicando el bueno de arcipreste; pero es desatino poner en el hambre y en la lujuria el origen de ideas, de sentimientos y de pasiones de superior elevación. Sin duda que el arcipreste no escasea merecidas alabanzas al amor, encareciendo sus benéficos milagros: al hombre rudo le vuelve sotil, al cobarde valiente, al perezoso listo, y al mudo foblador lozano; pero si dejamos a un lado agudezas y discreciones ingeniosas, y consideramos el asunto con juicio recto, jamás sacaremos del afán de mantenencia y de ayuntamiento nada que nos distinga mucho de las animalias y de las bestias de cueva. Nuestro altruismo se quedará en raíz, en su embrión inicial y bestial, y no logrará elevarse sobre la tierra, transfigurado gloriosamente en amor de la patria, en amor de la humanidad toda, y hasta en amor de Dios, pues, aunque para los positivistas no haya Dios, los positivistas no pueden negar que el amor de lo sobrenatural y divino se da en el alma humana, aunque carezca de objeto.

El gorrión y el mico tienen más altruismo inicial o radical que nosotros y, sin embargo, no salen místicos, ni patriotas, ni mártires, entre los micos y entre los gorriones; y en punto a progreso y mejoras siguen estacionarios.

Aun cuando concediésemos que el altruismo no es más que el instinto sexual transformado en devoción, todavía no explica esto la idea de la justicia. Al decir Littré que la justicia es el equilibrio entre el altruismo y el egoísmo, pone sin caer en cuenta algo que no es altruismo ni egoísmo: la causa de ese equilibrio, la virtud que tiene en su fiel la balanza, la justicia misma, que es la moderadora de ambas tendencias, en vez de nacer de ellas.

Otro no menos sofístico origen empírico de la justicia imagina Littré: la idea de indemnización. Causamos un daño y es menester subsanarle, a fin de que el perjudicado no cause otro mayor mal.

Para evitar que nadie se indemnice o se vengue por su mano, se funda la autoridad pública. Y el castigo, además de ser como venganza, es como freno, es como escarmiento saludable.

Littré queda satisfecho con su explicación; pero yo creo que nada ha explicado. Aun retrocediendo con la imaginación a siglos remotos y sociedades bárbaras, todavía no es la justicia ni venganza, ni indemnización, ni medio de conservar el orden por temor del castigo, sino la virtud que regula y ejerce la indemnización, el castigo y aun la venganza, a fin de que indemnización, venganza y castigo sean justos.

Vuelvo, después de lo dicho, a mi primera afirmación: la moral de usted es muy buena, pero carece de base.

La moral no puede fundarse empíricamente; tiene que fundarse en una metafísica o en una teología, y sus maestros de usted, Comte y Littré, arrojan del reino del espíritu a la teología y a la metafísica.

La teología fue primero. Por ella se empezó a educar la humanidad, pasando sucesivamente por el fetichismo, el politeísmo y el monoteísmo. De la teología, que se fundaba en autoridad, se pasó a la metafísica, que quiso fundar en raciocinio el conocimiento de lo trascendental y absoluto. Pero según los maestros de usted, pasó la metafísica como la teología había pasado.

Para ellos, en la historia de la civilización hay tres grandes períodos: el teológico, el metafísico y el positivo. Ahora estamos ya en el tercer período. El rasgo esencial que le caracteriza es el extrañamiento de la metafísica: su exclusión de la enciclopedia, de toda la ciencia, del cuadro de los conocimientos humanos. Este cuadro se compone de matemáticas, astronomía, física, química, biología y ciencia social.

Littré se desata en alabanzas de tan rara y fecunda invención de su maestro, y la encuentra llena de armonía.

No ve o no quiere ver una gravísima discordancia que lo invalida todo. El método de la ciencia primera, de las matemáticas, es distinto del método de las otras ciencias y hace de las matemáticas como órgano o instrumento que habilita a la mente humana para adquirir la verdad.

Las matemáticas parten de principios inconcusos y proceden por deducción. Las otras ciencias parten de la observación de los hechos y se elevan a las leyes generales. Resulta de aquí que para que la observación y la experiencia sean fecundas y no erróneas, tenemos en las matemáticas guía infalible, pero solo en lo que se refiere a la cantidad, al más y al menos. Y como por desgracia no hay matemáticas de la calidad (sobre todo para los que niegan la metafísica), la experiencia y la observación dan mezquinísimos o erróneos resultados en cuanto a la cantidad no se refiere.

Esta carencia de guía en lo que no es meramente cantidad se nota cada vez más mientras más complicada va siendo la ciencia. En la astronomía apenas se nota, porque apenas se emplea la astronomía sino en medir y en pesar o en evaluar masas, tamaños, fuerzas y movimientos. En física y en química, ya la carencia de matemáticas de calidad se advierte bastante más. En biología la dificultad crece, y por último en la ciencia social (moral y política) llega la dificultad a su colmo.

Y sin embargo, a mi ver, el recto juicio, la elevación de miras y la serena imparcialidad en la contemplación y estudio de los sucesos humanos, se sobreponen en Comte, en Littré y en usted, a esa ciega negación de la metafísica y hacen que, sin querer, empleen ustedes a veces la mejor metafísica a par que la niegan, y que digan y sostengan cosas que a mí me parecen razonables y justísimas, por más que no vea yo, ni nadie, cómo las infieren solo de la observación, de la experiencia y de las matemáticas. Que hay un orden y un plan en la historia cuya ley es el progreso; que Europa está predestinada y cumple esta ley desde hace cerca de tres mil años; que las naciones que en la antigüedad hicieron más por este progreso fueron Grecia y Roma; que en los tiempos modernos ni los adelantos en las ciencias, ni la perfección de las bellas artes, ni el brillo de la literatura, ni el desarrollo de la industria se explicarían, como dice Littré, si se suprimiese uno solo de los grandes órganos del espíritu de la humanidad: Italia, España, Francia, Inglaterra y Alemania. Todo esto me parece muy atinado. Yo voy casi hasta a dar la razón a Littré cuando afirma que los tres tiranos más retrógrados, los que más se han opuesto a la ley del progreso, han sido Juliano el Apóstata, Felipe II y Napoleón I.

Lo que me aflige y lo que me llevaría a perdonar a Juliano el Apóstata, a Felipe II y a Napoleón I el haber sido tan retrógrados, es la idea de usted de que el término de tanto progreso será convertir a la Santísima Trinidad en humanidad, Tierra y espacio, tres personas, una de las cuales, la humanidad, es además la Virgen Madre a quien, según usted asegura, hubiera adorado fray Luis de Granada si hubiera vivido en nuestros días.

Siento extenderme demasiado, pero yo deseo rebatir ciertas ideas de usted y de sus dos maestros, y demostrar que con Santísima Trinidad por el estilo y Virgen Madre tan rara, no son posibles moral, política y ciencia social con lógicos y sólidos fundamentos.

IV

Cuando alguien censura la prolijidad y el reposo con que voy estudiando el folleto de usted, digo yo para disculparme que en él se tocan todas las cuestiones y que su propósito es la renovación del mundo, convertido en Edén luminoso, la paz perpetua, el crecimiento armónico de la sociocracia universal y otras mil estupendas e inauditas felicidades. El asunto merece, pues, que le consideremos con atención.

Todo ello y más ha de lograrse con una buena moral; la de usted es excelente, y yo no niego que la moral es medio adecuado y eficaz para llegar a donde nos proponemos.

En lo que no estoy conforme es en que la buena moral pueda existir sin un fundamento metafísico o religioso.

No veo la necesidad, ni siquiera la conveniencia de esa impiedad de que usted hace alarde y que cuenta hoy con ilustres divulgadores y apóstoles en todo el Nuevo Mundo.

No demuestra esto que las creencias se vayan perdiendo ahí, sino la actividad intelectual y la libertad completa de conciencia y de palabra, la cual da razón de sí, tanto en el aumento y prosperidad de la Iglesia católica, que levanta en Nueva York y en otras grandes ciudades catedrales espléndidas, como en el nacimiento de sectas cristianas disidentes; como en la propagación de las más extrañas religiones, por ejemplo la de Buda, que ya tiene en Boston sectarios y templo; como en la predicación del ateísmo en todos sus grados.

El más singular, ingenioso y elocuente predicador del ateísmo en toda América es, en mi sentir, el coronel Roberto Ingersoll. Hombre de no escaso saber, de variadísima lectura, atento y enterado de cuanto se piensa en Europa, se puede afirmar que es un positivista como usted. Véase lo que dice de Augusto Comte: «En el cerebro de este hombre grande despunto la aurora del día dichoso en que la humanidad será la única religión, el bien el único Dios, la felicidad general el único propósito, la indemnización la única pena, el error el único pecado, y el afecto, guiado por la inteligencia, el único Salvador del mundo. Esta aurora enriqueció la pobreza de Augusto Comte, iluminó las tinieblas de su vida, pobló su soledad con millones de seres que han de nacer para la progresiva ventura, y llenó sus ojos de tiernas lágrimas de satisfacción y de orgullo. La gloria de Napoleón se disipará: solo se recordarán sus crímenes: y Augusto Comte será fervorosamente acatado y amado como bienhechor de la especie humana». A fin de llegar a esta meta en la carrera de nuestro progreso, a fin de entrar en el Edén y gozar de todos los sazonados frutos del árbol de la ciencia, importa arrojar a empellones al querubín de la superstición que defiende la puerta, y arrancar de su diestra la espada de fuego.

Por esto Ingersoll es más enemigo que usted de la religión, y de Dios sobre todo.

Para él, uno de los más benéficos sabios que hay ahora en la docta Alemania, es Ernesto Haeckel, «no solo porque ha demostrado las teorías de Darwin, sino también la monística concepción del mundo». Haeckel ha demostrado que no hubo, ni hay, ni pudo haber Creador de cosa alguna. Ingersoll celebra mucho también a Herberto Spencer, pero se le deja atrás. Conviene con él en que toda ciencia nace de la observación de los sentidos: pero no se limita al agnosticismo de lo demás. Al poner lo desconocido, lo tal vez para siempre incognoscible, se afirma en cierto modo que existe o que puede existir. Dios es, por lo menos, una conjetura. Y si para la ciencia de nada sirve, Dios queda para que el alma humana llegue a él por la fe y por el amor, y de él se valga para fundar sociedad, leyes y preceptos morales.

Nótese cómo del agnosticismo pudiéramos llegar a un sistema irracional profundamente religioso. Al cabo Bonald, de Maistre y Donoso Cortés, no llegaron de otra suerte a su empecatada y tiránica teocracia.

De aquí que Ingersoll no se contente con ser agnóstico. No dice que no sabe de Dios, sino rotundamente niega que exista. Así lo va predicando por escrito y con la palabra hablada.

Es Ingersoll alto y fuerte, hermoso de rostro, blanco y rubio, casi sin barba, simpático y elocuentísimo. Da conferencias en teatros y en grandes salones, ya a duro ya a dos duros la entrada, y la multitud acude a oírle y le aplaude con entusiasmo. Sus discursos tienen todos los tonos. Ya son tan floridos, líricos y abundantes como los de Castelar, a pesar de la concisión de la lengua inglesa, ya patéticos y tiernos, ya trágicos y terribles, ya chistosos y amenos hasta rayar en la chocarrería. Su casa está en Washington donde vive elegantísimamente, entre pinturas y lindos objetos de arte, pero de vez en cuando sale a predicar, y ya predica en Filadelfia, ya en Nueva Orleans, ya en san Francisco, ya en Chicago.

Sus conferencias corren impresas en lujosas ediciones, de que se venden miles y miles de ejemplares. Para el vulgo pobre se ha hecho en Chicago un

Catecismo o Vademecum, titulado Ingersolia, joyas del pensamiento, donde está reunido lo más sustancial y capital de este apóstol.

Coincide Ingersoll con usted en el profundo, y a mi ver, sincero amor a la humanidad; pero se extrema más aún que usted en creer lo contrario de lo que piensan los deístas y los católicos: en que ese amor a la humanidad se funda en el amor de Dios. Para Ingersoll el amor de Dios se opone al de la humanidad, y por eso le odia. Uno de sus argumentos es decir que, si Dios se le llevase al cielo y él supiese allí que su mujer, o algún hijo suyo, o algún amigo, mientras que Dios le daba a él bienaventuranza, estaba atormentado en el infierno por toda una eternidad y con atroces castigos, sería él un villano y un miserable si no dijese a Dios: o tráigame aquí también a los míos, y no me los maltrate tan ferozmente, o envíeme con ellos, que yo no quiero esta infame gloria que me concede.

Harto se nota que tales argumentos podrán ir contra determinados dogmas de ésta o de aquella religión positiva, por los cuales dogmas volverán los teólogos de la dicha religión; pero en nada quebrantan la firmeza del alto concepto metafísico y racional que de Dios nos formamos.

Por lo demás, en la moral y en los arreglos, usted e Ingersoll coinciden, salvo que en la Circular no entra usted en tantos pormenores como el yankee.

Su moral parte de la sentencia famosa mens sana in corpore sano.

De aquí que Ingersoll dé muchas reglas para la higiene y buena alimentación. Good cooking is the basis of civilization. «La buena cocina —dice— es la base de la civilización.» Así es que el coronel recomienda a todas las mujeres que aprendan a guisar y a todos los maridos que den qué guisar en abundancia a sus mujeres. Sin esto no hay rica sangre en las venas, ni pensamientos sublimes, ni valor, ni paciencia, ni nobles impulsos. Todo proviene de buenos y suculentos beefsteaks. Así es que Ingersoll quiere que un beefsteak se haga muy bien: explica el modo de hacerle; y propone que se promulgue una ley castigando como un crimen, con bastantes días de cárcel en negro calabozo, al que o a la que condimente un beefsteak malo, sobre todo echando a perder un buen solomillo. En suma, el arte culinario es para Ingersoll una de las bellas artes. Es como la música y la poesía; y, además, da ser a la poesía y a la música.

Pero elevándose luego Ingersoll, no es menos sublime que usted en sus moralidades. La mujer no se puede quejar de los positivistas; todos la adoran, todos la ponen por las nubes. Ninguno quiere, es cierto, que sea electora, ni guerrera, ni diputada, ni ministra; pero es porque todos le dan más alta misión y más hermoso empleo. La mujer será la diosa, la santa, la musa, lo ideal, lo celeste. Cuando estemos en pleno positivismo, la mujer, como dice usted, desplegará mayor virtud, alcanzará felicidad y gloria sin iguales. «Fuente inagotable de los más puros afectos, ella será el símbolo de la abnegación y de la ternura. En la más augusta de las funciones, la de madre, creará fervientes servidores de la humanidad; en su carácter de esposa, endulzará la existencia del hombre y le alentará al cumplimiento de sus deberes; como hija, fortalecerá en el padre el más altruista de los sentimientos, la bondad. Para todas las condiciones sociales será la mujer divina Providencia. Su santa imagen resplandecerá en los altares, domésticos y públicos.»

Antes de que llegue el triunfo del positivismo, la mujer hará más que el hombre para este triunfo. Usted así lo espera, y sobre todo de la mujer española o de casta española, ya que es de la casta o patria de la sublime santa Teresa. Unas, las escritoras, guiarán a los hombres con sus escritos. Otras, presidiendo el salón social, ejercerán influjo intenso y saludable. «Coronadas de modestia, dulzura y pureza, reinarán sobre los hombres, encaminándolos con persuasivas insinuaciones al positivismo. Talentos perdidos, voluntades inertes, recibirán de ellas luz y vida. A cuantos las conozcan alcanzará su radiante inspiración. Y muchos seres decaídos, que veían ya cerrada la senda de una digna existencia, emprenderán, regenerados del todo y sin mirar hacia atrás, una fructuosa carrera de servidores del linaje humano. Esas santas mujeres serán, ciertamente, madres espirituales de innumerables hombres, hechos de nuevo con su bendito influjo. Completamente desinteresadas en su celo religioso, gozarán de altruista satisfacción al ver cómo aumentan los buenos obreros, crece la buena doctrina y la sociedad se constituye sobre bases inconmovibles.»

Ingersoll no es menos entusiasta que usted de las mujeres. «Los hombres —dice— son encinas, las mujeres vides y los niños flores; y, si hay cielo, la familia es el cielo. El cielo está donde la mujer ama a su marido y el marido ama a su mujer y los redonditos brazos (dimpled, con hoyuelos) de los niños enlazan el cuello de ambos.»

En el hogar está el templo, la bienaventuranza, la gloria del hombre, y de este templo es la mujer divinidad y sacerdotisa a la vez. Sin este templo, el mundo sería un horror, y los seres humanos bestias feroces. Así da Ingersoll a la mujer no menos redentora, beatificante e inspiradora misión que la que usted le atribuye. Para ello entra en pormenores y hasta prescribe que la mujer se vista y se adorne mucho, con aseo y de última moda. «Yo digo a toda muchacha y a toda mujer, aunque la tela del vestido sea barata y ordinaria, que el vestido esté cortado y hecho in the fashion. Gusto también de joyas. Alguien censura como uso bárbaro el llevar muchos dijes; pero, a mi ver, el llevarlos es la primera prueba que da la persona bárbara de que desea civilizarse. El adorno está en nuestra condición natural, y tal deseo se advierte por dondequiera y en todo. A veces imagino que este deseo, sentido por la tierra, hizo brotar las flores, pintó las alas de mariposas y libélulas, cuajó las perlas en las conchas, y dio a los pájaros su plumaje y su canto. ¡Oh, mujeres solteras y casadas, si queréis ser amadas, adornaos, y si queréis estar bien adornadas, sed hermosas!» Justo es confesar que el respeto, el amor y la delicada consideración a la mujer en ningún país rayan más alto que en los Estados Unidos. Los hombres, luchando allí con la naturaleza para domarla y hacerla útil a nuestra especie, buscando o creando la riqueza, y en otros negocios prácticos, que son raíz de la poesía, pero no son la poesía, dejan y casi prescriben que sean poéticas las mujeres. Ellas procuran cumplirla prescripción, y con frecuencia la cumplen. Suelen ser bonitas y gallardas. Con cierta libertad e independencia, que les dan el carácter y la costumbre, en los ademanes, en la palabra y hasta en el andar, tienen lozanía, majestad y brioso aunque honesto desenfado, como el de Diana cazadora. El respeto de que todos los hombres las rodean, sin piropearlas con impertinente grosería, cuando las ven solas, hace que puedan ir solas sin que las vigile o las chaperone ninguna dueña. Y sin pedantería, sino naturalmente, estudian mucho de ciencias, y de literatura, y a veces hablan varias lenguas vivas, y no es raro que sepan también latín y griego.

De aquí que esa misión civilizadora, beatificante e inspiradora de la mujer, tal vez no se ve más clara, en parte alguna, que en los Estados Unidos.

La hermana del actual presidente de aquella república, Miss Rosa Isabel Clevejand, notable escritora, ha querido cifrar y condensar, en el más elocuente y sentido de sus Estudios, esta misión de la mujer. Estriba en una virtud que miss Cleveland llama fe altruista, y éste es también el título de su Estudio.

Por dicha para todos nosotros, aunque sea desgracia para usted, para Ingersoll, y aun para Comte y Littré, esta fe altruista, o dígase fe en otro y no solo en uno mismo, brota, según la hermana del presidente, no de la negación de Dios, sino de la fe en Dios.

La mujer es más capaz de fe que el hombre, y esto la habilita para ejercer una función social de la mayor trascendencia: descubrir la aptitud del amigo, del hijo, del hermano, del amante o del esposo, revelará él su propio valer, alentarle y entusiasmarle, y darle impulso para que cumpla su vocación y su destino.

El prototipo y dechado de esta fe altruista le halla miss Cleveland en Cadiyah, primera mujer de Mahoma, que descubrió cuánto valía Mahoma, y le amó y le animó y le confortó cuando por los hombres todos era desdeñado. El Profeta, victorioso ya y en toda su gloria, recordaba siempre con lágrimas de amor a su Cadiyah, que murió anciana, y no se consolaba de haberla perdido. Su hermosa y joven esposa, Ayesha, le dijo. «¿Por qué no te consuelas? ¿No era ya anciana? ¿No te ha dado Dios, en lugar suyo, otra mujer mejor?» El Profeta respondió entonces con efusión de honrada gratitud. «No hubo nunca mujer mejor que ella. Ella creyó en mí cuando los hombres me despreciaban.»

Yo encuentro este oficio muy propio de la mujer y creo que ella con frecuencia le ha ejercido. Por cada Onfale, por cada Dalila, causa de perdición de Hércules y de Sansones, ha habido siempre miles de Cadiyahs para todos los Mahomas chicos y grandes.

El oficio, sin embargo, no he de negar yo que es para la mujer harto peligroso. El primer peligro es el engaño en que puede caer la mujer, creyendo descubrir la aptitud de sabio, de poeta, de héroe o de santo, en el hombre que tal vez la atrae y la fascina por otras aptitudes. Y es el segundo peligro que, aun no equivocándose en el descubrimiento de la buena aptitud, puede ocurrir que la mujer descubridora la halle en hombre que sea, en todo lo demás, indigno, perverso e ingrato. Cadiyah acertó en todo con su Mahoma; pero no acertó en todo, por ejemplo, madame de Warens con su Rousseau. Sin ella Rousseau quizás no hubiera sido nunca mucho más que lacayo; pero Rousseau, en lo tocante a gratitud, siguió lacayo y se quedó a infinita distancia de Mahoma.

Pongo aquí esto como aviso y reparo para que las mujeres, cuando cadi-yehen, lo hagan con la debida circunspección; pero lejos de tirar a la invalidación del discurso de Miss Cleveland, le aplaudo y acepto la doctrina. Nada más útil y agradable que el cadiyého. Es verdad que madres y hermanas pueden ser Cadiyahs; pero lo más común es que lo sean las enamoradas. Por eso el cadiyého está en íntima relación con el flirt.

En el Maestro de ustedes, en el Mahoma de ustedes, en Augusto Comte, se advierte la verdad de esto que digo. Su verdadera Cadiyah es la amiga; es Clotilde de Vaux. Las otras dos mujeres son como a-lateres y nada más.

La una resucita en el recuerdo evocado por Clotilde: la otra es como apéndice del afecto a Clotilde: Rosalía Boyer, madre del Maestro, y Sofía Bliaux, su hija adoptiva.

Entusiasmado usted con esto, coincide con miss Cleveland en la exaltación de la mujer y en su nobilísima misión de descubridora y aguzadora de aptitudes. Elocuentísimo está usted en todo esto, y quisiera yo citar mucho de lo que usted dice; pero aquí no cabe. Baste con algo.

«Preciosa —dice usted— es la intervención de la mujer en las labores del hombre. Dada su índole altruista, ella es quien sabe despertar las más santas emociones de donde solo emanan acciones fecundas. En este sentido idealizola la antigüedad en las musas, y la Edad Media en la Virgen Madre, que resume a las musas completamente purificadas. Pero cábele al Dante la gloria insigne de haber cantado proféticamente en su maravilloso poema la función normal de la mujer. Es su amada Beatriz quien le salva de sus extravíos, quien disipa las dudas de su espíritu, quien enciela su alma.»

De esta suerte convierte usted a Dante en uno de los precursores del positivismo.

España desde Chile

A don Jorge Huneeus gana

No puede usted figurarse, distinguido y generoso amigo, el susto que me ha causado, sin quererlo ni preverlo.

Hace justamente tres años recibí una carta de usted pidiéndome noticias sobre mi persona y escritos y sobre literatura española en general. Era tan amable la carta, que, si bien yo no conocía a usted y apenas atiné entonces a descifrar la firma, no quise dejar la carta sin contestación. Tomé la pluma y contesté a todo correr lo que se me ocurrió en aquel momento.

Yo no hago borrador de nada mío, y menos de cartas. Aunque hiciera borrador no le guardaría. En cuanto a las cartas que recibo, rompo las más. Solo reservo las muy interesantes. La de usted, sin lisonja, hubo de parecérmelo. Doy por evidente que la reservé sin romperla.

Pero en el resultado final confieso que es idéntico que yo rasgue o guarde las cartas. Guardarlas equivale a echarlas en un caos, en un abismo; tal es el desorden de mis papeles. Y cuando el cúmulo de ellos, que en este abismo cae, rebosa, digámoslo así, ya en una mudanza, ya en un viaje, ya solo por obra y gracia de la limpieza ordinaria, la escoba del criado, el fuego o bien otro elemento destructor se los lleva o los consume.

No ha de extrañar usted ni atribuir a poco aprecio de parte mía el que yo ignore si la carta de usted se destruyó o está aún escondida entre papeles míos. Cúlpese mi falta de orden, falta que lamento, pero de la que nunca supe ni sabré enmendarme.

Apunto aquí todo esto para explicar con franqueza porque a poco sin duda de recibir la carta de usted y de contestar a ella, tenía yo completamente olvidadas la carta y la contestación. A los tres años (perdónemelo usted) yo, dada mi condición natural, no podía recordar a usted ni menos que le había escrito.

De aquí mi sorpresa y mi sobresalto cuando alguien que recibió, días antes que yo, los Estudios sobre España, me dijo que su autor, un chileno, publicaba en el citado libro cierta carta mía, donde le hablaba yo de literatura y de literatos españoles.

¿Qué habré yo dicho, imaginando que mi carta no se daría al público con mi firma, y tal vez en un momento de mal humor? Esta era la pregunta que yo me hacía.

Luego que recibí los Estudios sobre España, busqué mi carta, la leí y se me quitó un peso de encima. Se me figura que estuve juicioso. Nada de censuras crueles contra nadie, y nada tampoco de encomios exagerados. Solo tuve y tengo que lamentar mi absurdo olvido (tan a escape y sin pararme a pensar hube de escribir a usted) de no pocos nombres de personas ilustres en la lista que yo le enviaba. Por lo mismo que le tengo más presente y que en mi sentir vale más que los otros, no puse, por ejemplo, entre los autores dramáticos a don Manuel Tamayo y Baus. No menté entre los poetas ni a Rubí, ni a Sánchez de Castro, ni a José Alcalá Galiano, que es a mi ver de los mejores, y además sobrino mío. En suma, omití nombres que por todos estilos eran más dignos de memoria para mí y para todo el mundo que bastantes de los que cité.

Fuera de estos deplorables defectos, repito que mi carta me pareció juiciosa. Su lectura me devolvió la tranquilidad.

Y no suponga usted que el haberla perdido implique algo de singular doblez en mi carácter; que yo por modo de ser propio, celebre en público y muerda en secreto. Nada más contrario a mi carácter. Lo que sucede es que, en el día, hay en España una propensión general a incurrir en ese vicio, contra el cual clamo yo siempre, pero del que temo dejarme llevar como todos.

Y no es falsía endémica, no es perversidad colectiva de la que todos estemos plagados; es que todos estamos muy abatidos y en el fondo del alma nos juzgamos con harta severidad. De aquí la maledicencia, sin que la cause la envidia ni otra pasión ruin. Y en cuanto al encomio, público disparatado, que comúnmente se llama ahora bombo, es una inevitable mala mafia que hemos tomado. La llamo inevitable, porque son tales el tono y el estilo que prevalecen: que toda alabanza moderada y razonable suena como desdén y menosprecio.

Dicho esto, que debo yo decir aunque me haga pesado, voy a hablar de su obra de usted. Consta de dos tomos (cerca de mil páginas entre los dos) tan llenos de noticias sobre mi país, que no me explico cómo me escribió usted pidiéndomelas cuando podía dármelas y cuando ahora en efecto me las da.

Con vergüenza lo declaro: yo no he leído ni la quinta parte de los autores contemporáneos españoles, cuyas obras usted examina: ni por el nombre solo conocía yo a la mitad de ellos. Se ve que usted ha hecho que le envíen a Santiago de Chile, y que ha estudiado con amor, cuanto en España se ha escrito y publicado en este siglo.

Joven usted de poco más de veinte años, entusiasta y fervoroso amante de su patria, extiende este amor a la metrópoli, a la madre de su patria, y se pinta y nos pinta una España vuelta a su más radiante esplendor, ilustradísima, fecunda hoy como nunca en claros in genios, en poetas, sabios y artistas.

Líbreme Dios de denigrar a mi país. Líbreme Dios hasta de formar de él pobre concepto. Pero no por modestia, sino por justicia, no quiero, ni puedo, ni debo aceptar tanta alabanza, como la generosidad de usted y su afecto filial nos prodigan. Si insisto en afirmar, como en mi primera carta a usted afirmaba, que «en España se nota hoy cierto florecimiento literario, y no se escribe poco», todavía hallo que, desde esta afirmación mía hasta el triunfante panegírico de usted, media distancia enorme. Por mi calidad de español me considero, pues, obligado a la más profunda gratitud hacia usted, y por lo que usted dice de mí, a gratitud aún más profunda; a mostrársela, y a declarar que rebajo nueve décimas partes de mi ración de elogios, atribuyéndolos a bondad magnánima de usted, y me doy por pagado y contento con la otra décima parte. No me es lícito disponer del incienso que usted da a los demás escritores españoles, pero me atrevo a aconsejarles que acepten solo la mitad o la tercera parte, y consideren el resto como despilfarro que usted hace, arrebatado por su cariñosa larqueza.

Esto nos conviene hacer, agradeciéndolo todo. Pero ¿es buen medio de agradecer, dirá usted, y si usted no lo dice no ha de faltar quien lo diga, que los mismos encomiados echen en cara al autor los extravíos de crítica que presuponen sus encomios.

A esto respondo que no me queda otro recurso. Al libro de usted no puedo responder con el silencio, ni puedo tampoco faltar a la sinceridad en lo que responda. Por dicha, esos extravíos se justifican o disculpan con razones que honran a usted muchísimo. Nacen de su entusiasmo juvenil y de su amor a los de su casta y lengua. Ya usted se corregirá en otros libros que escriba, y será justiciero o más sobrio de admiración.

Entretanto, aun exponiéndome a que digan los maldicientes que nosotros, a pesar de ser casi antípodas, nos escribimos para piropearnos y nos armamos de sendos turíbulos eléctricos, a fin de que el incienso mutuo trasponga el Atlántico y la cordillera de los Andes y nos adule las narices, no quiero callarme ni dejar de sostener que me maravilla el extraordinario saber y la abundantísima lectura que su libro de usted demuestra.

Cuadro completo de la España política, social, científica, artística y literaria, en el siglo presente, el libro está dividido en tres partes. La primera: Estudios generales. La segunda: Estudios bibliográficos. Y Estudios literarios, la tercera. En los tres Estudios se advierte un espíritu de contradicción, exaltado por ese malhadado y pretencioso menosprecio, que, como dice usted, hay en Chile, aunque ya va de caída, contra todo lo español. Esto convierte su libro de usted en defensa o apología; esto disculpa, en cierto modo, la exageración en las alabanzas.

He de confesar a usted también que en ellas advierto desproporción: a saber, que con muchos es usted tan pródigo, que proporcionalmente es corto con otros. En absoluto, a casi todos, en mi sentir, empezando por mí, nos tasa usted en bastante más de lo que valemos.

Como es usted tan joven, y como nos declara con delicada modestia que su libro no es libro, sino notas y proyectos para escribir un libro, los cuales proyectos y notas saca prematuramente a luz, cediendo a los ruegos de un amigo, mis observaciones no deban valer como censura. Si yo las pongo es para que valgan, aunque sean en daño mío, cuando aparezca esa otra obra más meditada y más completa que, según usted nos anuncia, acaso pueda escribir algún día.

Dispénseme usted que insista, hasta con pesadez en mis reparos. Lo hago por el interés que usted me inspira, y que no tiene que agradecerme, ya que la apología de usted, si no pecase por desproporción ni por exageración, nos lisonjearía más y nos sería mucho más útil.

Esa misma desproporción, que noto yo en sus juicios de usted, no nace de parcialidad apasionada, sino de que usted o bien conoce a unos autores más y por eso los celebra más que a los que conoce menos, o bien por ser su obra un conjunto de estudios hace usted resaltar a los que son objeto especial de cada estudio, y deja a los otros eclipsados o en la sombra. De aquí que Revilla, Bactrina y yo, salgamos mejor librados que los otros, salgamos encomiados con exceso.

Fuera de esto, y cuando habla usted en general, muestra usted en sus juicios la equidad y el tino más benévolos, sin que los ofusque ningún espíritu de partido, del cual, por lo mismo que vive usted tan lejos, no puede dejarse influir. Así tienen, a mis ojos, tanta autoridad las sentencias de usted en desagravio de los autores españoles, injustamente maltratados por críticos españoles. Su voz de usted viene, desde el otro extremo del mundo, a dar la razón a quien la tiene y a tildar de injustas, de apasionadas y de falsas no pocas censuras.

Salvo algún levísimo error en los pormenores, disculpable en quien escribe sobre cosas de aquí desde tan lejos, me parece usted discretísimo y guiado por alto e imparcial criterio, cuando dice que «la crítica estrecha y pequeña no se estila hoy sino cuando se quiere rebajar, con el insuficiente apoyo de yerros aislados y de versos sueltos, méritos verdaderos que por fortuna resisten siempre tan poco elevados ataques».

«Digan esto por mí —añade usted—, las reputaciones de Zorrilla, Gil y Zarate, Rubí, Escosura, Mesonero Romanos, duque de Rivas, Martínez de la Rosa y otros, que tan gloriosamente han resistido las malignas críticas de Villergas; las de Velarde, Ferrari, Cánovas y otros, que no han sufrido ni sufrirán nada con los sermones apasionados de Clarín: las de Echegaray, Cano y Sellés, que se abrillantan más cada día, a pesar de las nimias observaciones de Cañete; y las de Menéndez Pelayo, marqués de Valmar, marqués de Molins, conde de Cheste y otros más, para cuya justa apreciación el público ilustrado desprecia las pueriles invectivas de Venancio González (Valbuena).»

No quiero ni puedo extenderme más sobre la primera y la tercera parte de los Estudios de usted.

Voy a decir algo sobre la parte segunda: sobre los curiosísimos Estudios bibliográficos.

La idea de hacerlos, según usted mismo confiesa, se la sugirió a usted Menéndez Pelayo; pero es justo asegurar que, atendido el modestísimo título de notas y proyectos, la tal bibliografía es rica y no deja de estar a veces bien razonada o comentada. Es un catálogo de libros franceses, italianos, ingleses, alemanes, hispanoamericanos y yankees, que tratan de España, y que pasan de cuatrocientos, aunque usted solo cita los que se han publicado desde 1808 hasta ahora.

Ya que su obra de usted sobre España no es definitiva y ya que usted piensa mejorarla y completarla con el tiempo, usted me perdonará las siguientes observaciones y excitaciones:

1.ª Que ponga en este catálogo orden que facilite buscar en él cualquier libro: ya sea el orden por materias, ya alfabético por nombres de autores, ya cronológico.

2.ª Que añada cuantos libros faltan o sepa usted que faltan por citar, a fin de que el catálogo sea completo en lo posible.

Y 3.ª Que distinga mejor las obras de cuya lectura resulte un concepto bueno de España, aunque en parte se censuren muchas cosas de nuestro país; las obras que tiran a desacreditarnos y son una franca y horrible diatriba, como la del marqués de Custine, por ejemplo; y las obras más comunes donde a vuelta de pomposas alabanzas a lo pintoresco del paisaje, de los monumentos, de los trajes y de las costumbres, ya por odio, ya por ignorancia y ligereza, ya por afán de referir hechos portentosos y usos rarísimos, ya por el mal humor y la bilis que nuestros guisos y nuestro aceite han infundido, no pocos viajantes extranjeros han hecho de nosotros la más lastimosa caricatura. No he de negar que haya algún fundamento. ¿Qué individuo ni que colectividad no ofrece lado que se preste a lo ridículo? Nosotros además hemos dado, si no motivo, pretexto a que se abulte lo que hay de grotesco en nosotros, abultándolo y ponderándolo con amor, y mirándolo como excelencias y grandezas de nuestro ser egregio. Así el entusiasmo por el salero y los discreteos rudos de Andalucía, por la desenvoltura de chulas y majas, por los toros, por lo flamenco y por lo gitano, por los jaques, contrabandistas y demás gente del bronce, y por otros primores, que fuera de desear que nos entusiasmasen un poquito menos. Pero aun así, nada de esto justifica muchos chistes acedos de Dumas y de Gautier, y mil ofensivas invenciones de otros, entre los cuales descuella y resplandece el inglés Jorge Borrow, autor de La Biblia en España, libro por otra parte de los más amenos y disparatados que imaginarse pueden.

No voy a defender aquí nuestro romancero, ni menos el antiguo teatro español y el espíritu que le informa. Esto me llevaría lejos y no hay para qué dilucidarlo ahora. Solo digo que no acepto las siguientes expresiones de usted: «Víctor Hugo y el grande Alfredo de Musset, poetas que tan bien estudiaron y tan bien supieron asimilarse el jugo sabroso del antiguo romancero y del teatro clásico español». Yo no veo en don Páez, en la marquesa de Amaegui, en Gaztibelza el de la carabina, en Rui-Blas, en Hernani y en el viejo Silva, vigésimo nieto de don Silvio, cónsul de Roma, sino fantoches, personajes embadurnados con falso colorete local, y por consiguiente caricatos.

En resolución, yo no he de negar que usted y yo discrepamos en bastantes puntos. No se opone esto, sin embargo, a que yo aplauda el interesante trabajo de usted, a que me admire de lo mucho que usted ha leído y estudiado, a que celebre, como es justo, la facilidad, pureza y elegancia de su estilo; a que convenga perfectamente con usted en ese empeño en que todos los hombres de lengua o raza española nos confederemos intelectualmente y para ello nos conozcamos mejor; y, por último, a que, sin aceptar las pródigas y bondadosas alabanzas con que usted me honra, las agradezca con todo mi corazón, asegurándole que ya no me olvidaré nunca de usted, ni del beneficio recibido, ni del alto valer de su ingenio, del que espero frutos más sazonados y abundantes para gloria de las letras españolas, en su general acepción.

Vocabulario rioplatense razonado

Al señor don Daniel Granada

I

Muy señor mío: Con mucho placer he recibido y leído la interesante obra de usted cuyo título va por epígrafe, y que acaba de publicarse en Montevideo.

Me parece que a usted le sucede lo mismo que a mí en lo tocante a pronosticar sobre el porvenir de la lengua castellana en esas regiones. No vemos sino allá, dentro de muchos siglos, la posibilidad de que se olvide o se pierda por ahí dicha lengua, y salgan ustedes hablando italiano, francés o algún idioma nuevo, mezcla de todos.

Es verdad que el territorio rioplatense es inmenso y poco poblado aún. Solo la República Argentina comprende cerca de tres millones de kilómetros cuadrados: mayor extensión que Francia, Alemania, Inglaterra y España juntas. Y si añadimos las tierras del Uruguay y del Paraguay, la grandeza territorial de lo que llamamos país rioplatense se presta a contener y a alimentar en lo futuro centenares de millones de seres humanos. A fin de que tanta tierra sea poblada y cultivada, la inmigración entra ya y seguirá entrando por mucho. Cada año va la inmigración en aumento.

Según los datos que me da Ernesto Van Bruyssel (La Republique Argentine), en 1880 solo a Buenos Aires llegaron cerca de 70.000 inmigrantes, y en 1887 más de 120.000. Si así continúa creciendo la inmigración, donde predomina el elemento italiano, tal vez dentro de diez o doce años haya más gentes venidas de Italia que de origen español, desde las fronteras de Bolivia hasta el extremo austral de la Patagonia, y desde Buenos Aires y Montevideo hasta más allá de Mendoza.

En los quince años que van desde 1855 a 1870 ha entrado en la República Argentina un millón de emigrados. Bien podemos, pues, calcular, no haciendo sino duplicar el número en los años que quedan de siglo, que al empezar el siglo XX habrá en la República Argentina cinco millones más de población no criolla, o venida de fuera, y principalmente de Italia. Yo entiendo, con todo, que en el pueblo argentino hay fuerza informante para poner el sello de su propia nacionalidad a esta invasión pacífica y provechosa, y que en 1900, lo mismo que en 1889, habrá allí una nación de carácter español y de lengua castellana, solo que ahora consta esta nación de cuatro o cinco millones de individuos y en 1900 acaso conste de 18 o de 20 millones.

El aumento de la población se infiere del aumento de la riqueza que la inmigración trae consigo. En veinte años, de 1800 a 1880, la renta del Estado argentino se ha quintuplicado. De nueve millones de duros ha subido a más de cuarenta y cinco. Durando la paz, con suponer igual aumento proporcional en otros veinte años, no es aventurado predecir que el presupuesto de ingresos de la República Argentina podrá ser, a principios del siglo XX, y sin recargar las contribuciones y sin aumentarlas, de más de doscientos millones de duros.

Todo induce a presumir, que si no sobrevienen imprevistas perturbaciones, la principal confederación del Río de la Plata, será en el siglo XX una potencia tan fuerte y rica como lo es ahora la república norteamericana de origen británico. Las huellas de este origen no se han borrado de entre los yankees. Natural es que no se borren tampoco entre los argentinos y uruguayos las huellas de su origen español.

La lengua es el signo característico que tardará más en perderse. La lengua además no es lazo solo que une entre sí a los argentinos, sino vínculo superior que no puede menos de estrechar y ligar en fraternal concierto a dicha república con muchas otras, todas, digámoslo así, oriundas de España, y que se extienden por las tres Américas, desde más allá de la Sierra Verde y del Río Bravo del Norte hasta la Tierra del Fuego.

Las cuestiones de gramática y de diccionario, de unión de academias de la lengua, de literatura española e hispanoamericana, de versos y de novelas, escritos y publicados en español en ese Nuevo Mundo, no son meramente literarias, críticas o filológicas: tienen mucho más alcance, aunque uno no se le quiera dar.

No me parece que divago al decir lo que va dicho, con ocasión del excelente aunque modesto trabajo de usted que, si bien es meramente filológico, tiene mayor trascendencia.

Nuestro Diccionario de la lengua castellana no es solo el inventario de los vocablos que se emplean en Castilla, sino de los vocablos que se emplean en todo país culto donde se sigue hablando en castellano, donde el idioma oficial es nuestro idioma. Será provincialismo o americanismo el vocablo que se emplee solo en una provincia y que tenga a menudo su equivalente en otras; pero el vocablo que no tiene equivalente y que se emplea en más de una provincia o en más de una república o en regiones muy dilatadas, y más aun cuando designa un objeto natural, que acaso tiene su nombre científico, pero que no tiene otro nombre común o vulgar, este vocablo, digo, siendo muy usual y corriente, es tan legítimo como el más antiguo y castizo, y debe ser incluido y definido en el Diccionario de la lengua castellana. La Academia Española no puede menos de incluirle en su Diccionario.

Así como nosotros, los peninsulares europeos, hemos impuesto a los hispanoamericanos un caudal de voces, que provienen del latín, del teutón, del griego, del árabe y del vascuence, los americanos nos imponen otras voces que provienen de idiomas del Nuevo Mundo y que designan, casi siempre, cosas de por ahí.

Es curiosísimo el catálogo razonado que ha hecho usted de estas voces (de las usadas en la región rioplatense) y las definiciones y explicaciones que da sobre cada una de ellas. Sin duda, su libro de usted será documento justificativo de que los individuos de la Academia Española tengan que valerse y se valgan para aumentar su obra léxica en la edición décimotercera.

Casi todos los vocablos que usted pone y explica en su libro, o no están incluidos en nuestro Diccionario o están mal o insuficientemente definidos en él. Y sin embargo, no pocos de estos vocablos, a más de estar en poesías, en novelas, en relaciones de viajes y en otras obras en idioma castellano posteriores a la independencia, es casi seguro que se hallan en libros o documentos españoles de antes de la independencia, escritos por los viajeros, misioneros, sabios y de más exploradores de esos países, que dieron a conocer en Europa su flora y su fauna.

En los tiempos novísimos han estudiado y descrito la naturaleza de la América del Sur Humbold, Burmeister, Orbigny, Darwin, Martius y otros extranjeros; pero nuestros compatriotas se les adelantaron en todo, como lo demuestran los trabajos y publicaciones de Montenegro, Acosta, los padres Lozano, Cobo, Gumilla y Molina, Mutis, Oviedo, Azara, Pavón, Ruiz y otros cien, de que trae catálogo el señor Menéndez Pelayo en su Ciencia española.

Los nombres, pues, que se dan ahí vulgarmente a plantas y árboles, aves, cuadrúpedos, peces, insectos y reptiles, no están fuera de nuestra lengua común española, por más que aparezcan y suenen, en nuestros oídos, como peregrinos e inusitados.

Tal vez deban incluirse en nuestro Diccionario, si no lo están ya, y creo que no lo están, las más de las voces que usted define, como las siguientes:

Nombres de, árboles, plantas y hierbas. Aguaraibá, alpamato, arazá, biraró, burucuyá, caá, camalote, caraguatá, curí, chalchal, chañar, chilca, gegen, guayabira, guayacán, gembé, ibaró, isipó, lapacho, molle, ñandubay, ñapindá, ombú, pitanga, sarandí, sebil, tacuara, taruma, tataré, timbó, tipa, totora, urunday, yatay y yuyo.

Peces. Bagre, manduví, manguruyú, pacú, patí y zurubí.

Aves. Biguá, caburé, chingolo, macá, macaguá, ñacurutú, ñandú, urú, urutao y yacú.

Cuadrúpedos. Aguará, bagual, cuatí, guazubirá, puma, tamanduá, tucutuco y tatú en vez de tato.

Insectos, reptiles, etc. Alua, camoatí, manganga, tambeyuá, tuco, yaguarú y yarará.

Me dice usted en la amable dedicatoria con que me envía su libro, que, «caso de que me digne pasar la vista por él, me agradecerá mis advertencias».

Yo me prevalgo de este ruego para hacer algunas.

Aunque usted describe bien los objetos naturales que sus vocablos designan, echo yo de menos, para mayor claridad y universal inteligencia del objeto, el nombre científico con que los naturalistas le marcan y señalan, y la familia en que le clasifican. Válganme algunos ejemplos. Empecemos por la voz caá. Usted, hablando con franqueza, no nos declara lo que significa en guaraní, y es menester inferirlo por conjeturas, y comparando lo que usted dice con lo que dice don Miguel Colmeiro en su Diccionario de los diversos nombres vulgares de muchas plantas usuales o notables del antiguo y nuevo mundo. Caá, con evidencia, ha de significar en guaraní planta, yerba, árbol: lo vegetal de modo genérico, y no solo mate, como usted afirma. Supongamos, no obstante, que caá significa mate. Sin haber oído hablar jamás a los guaraníes y sin saber palabra de su idioma, cualquiera adivina el valor de ciertos adjetivos que entran a cada instante en composición de nombres; v. gr. merí, pequeño, y guazú, grande. Así vemos claro que caamerí y caaguazú, y caaquí y caaminí, todo es mate, según sean las hojas de que se compone grandes o pequeñas, tiernas o más ricas y jugosas.

Hasta aquí todo va bien, y caá y mate pueden ser lo mismo; pero cuando nos define usted caapau, bosquecillo, conjunto de árboles aislado, vemos claro que pau ha de significar conjunto o montón, y caá árbol, arbusto, planta, yerba, mata y no mate, a no ser por excelencia, como también llaman al mate yerba por excelencia.

El señor Colmeiro trae en su Diccionario todos estos compuestos de caá: caataya, caamerí, caapiá, caapeba, caapin, caatiguá y caavurana; y como con tales nombres se designan plantas gramíneas, meliáceas, ciperáceas, hipericineas y de otras cuantas y diversas familias, queda más demostrada la vaga generalidad del significado de la palabra caá.

Guayacán. El Diccionario de la Academia Española trae también esta palabra; pero ¿el guayacán que describe es el mismo que describe usted? Yo creo que no. Usted nos describe el guayacán del Chaco y del Paraguay; la Academia el de las Antillas, y como Colmeiro me da diez especies de guayacanes o guayacos, no sé con cuál quedarme. El guayacán ya es diospyros lotus, ya guayacum sanctum, ya guayacum officinale, ya porliera higrometrica, y ora pertenece a la familia de las leguminosas, ora a la de las ebenáceas, ora a otra familia.

Arazá. No está en el Diccionario de la Academia. Colmeiro la trae, y pone, como usted, dos clases: el arazá arbóreo y el rastrero. Convendría, con todo, que dijese usted, como dice Colmeiro, que ambas clases pertenecen a la familia de las mirtáceas.

Bastan los ejemplos aducidos, que para no cansar no aumento, a fin de comprender la conveniencia de determinar mejor los objetos que se describen. Diré ahora otro requisito que echo de menos en su libro de usted. Echo de menos las autoridades. Me explicaré.

Nada hay más borroso o inseguro que los límites entre lo vulgar y lo técnico o científico de las palabras. Cada día, a compás que se difunde la cultura, entran en el uso familiar, general y diario, centenares de vocablos que antes empleaban solo los sabios, los peritos o los maestros en los oficios, ciencias y artes a que los vocablos pertenecen. De aquí que todo Diccionario de la lengua de cualquier pueblo civilizado, sin ser y sin pretender ser enciclopédico, vaya incluyendo en su caudal mayor número de palabras técnicas, sabias o como quieran llamarse. Pero aun así, importa poner un límite a esto, aunque el límite sea vago y no muy determinado.

Dos indicios nos pueden servir de guía. Por muy patrióticos que seamos, no es dable que nos figuremos que somos un pueblo más docto, en este siglo, que el pueblo inglés o el francés. Nuestro Diccionario de la lengua vulgar, no debe, pues, sin presumida soberbia, incluir más palabras técnicas que los Diccionarios de Webster y de Littré, pongo por caso.

El otro indicio es más seguro. Consiste en citar uno o más textos, en que esté empleado el vocablo, que se quiere incluir en el Diccionario, por autores discretos y juiciosos, que no escriban obra didáctica. En virtud de estos textos es lícito inferir que es de uso corriente el nuevo vocablo y debe añadirse al inventario de la riqueza léxica del idioma.

Convengo en que a veces es de tal evidencia el uso frecuente de un vocablo que la autoridad o el texto puede suprimirse. Así por ejemplo, ombú. El Diccionario de la Academia no trae ombú, y, sin embargo, apenas hay cuento ni poesía, ni escrito argentino de otra clase, donde no se mienten los ombúes.

Es voz tan común por ahí como en esta península álamo o encina.

En ocasiones cita usted los textos, y así de muestra la necesidad de la introducción de la palabra en nuestro vulgar Diccionario. Sirva de ejemplo la voz chaco, montería de cierto género que dio nombre propio a la gran llanura que se extiende desde la cordillera de Tucumán hasta las márgenes del Río de la Plata. La voz chaco está empleada por el padre Lozano, Historia de la conquista del Paraguay, etc., y por Argote de Molina en su Discurso sobre el libro de montería del rey don Alonso.

Con frecuencia falta texto autorizado que pruebe el empleo vulgar de la palabra, y, cuando haga usted nueva edición de su libro, conviene que le añada. El vocabulario ganaría mucho con esto; y esto ha de ser muy fácil para usted. Si usted no siempre lo ha hecho, es porque pensó solo en sus paisanos uruguayos y argentinos al escribir su obra, y no en los demás pueblos de lengua española, donde vocablos comunísimos ahí tienen que aparecer exóticos.

Su vocabulario de usted es además poco copioso e importa aumentarle. El número de palabras que faltan no debe ser corto, cuando yo, que conozco tan poco de la literatura de ese país, puedo citar palabras que en su vocabulario de usted no están incluidas. Así por ejemplo, seibo. Rafael obligado, en una de sus más lindas composiciones, En la ribera, del Paraná se entiende, dice:

> El año que tú faltas,
> la flor de sus seibos,
> como cansada de esperar tus sienes,
> cuelga sus ramos de carmín marchitos.

¿Será el seibo el árbol que llaman del Paraíso en Andalucía? ¿Quién sabe? Colmeiro no trae seibo, a no ser seibo lo mismo que ceibo o ceiba, que está en Colmeiro y en el Diccionario vulgar. Otras veces, si bien usted define y aun cita textos, encuentro yo deficiente la definición.

No basta decir que camalote es «cierta planta acuática». Convendría saber algo más del camalote en esta primera acepción. ¿De qué color, de qué tamaño, de qué forma son sus flores? Sobre la otra acepción de camalote trae usted textos curiosísimos, que la explican bien. Es un conjunto de plantas del mismo nombre y de otras plantas, que forman como isla o matorral, que flota y navega, y que suele ser tan grande, que asegura el padre José de Parras que en su centro se ocultan con facilidad los indios con sus canoas, «y como pueden muy bien dar el rumbo a toda aquella armazón hacia los barcos, con poca diligencia suelen llegar a ellos, y estando inmediatos, se enderezan, arman gritería, y como logren alguna turbación en los españoles, ya los vencieron».

En Colmeiro no hay camalote pero hay camelote, dando a la planta el nombre que se da a la tela. ¿Será este camelote de Colmeiro el camalote de usted?

Su libro de usted me sugiere no pocas observaciones más, algunas de las cuales no quiero dejar de hacer, pero, por ser ya muy extensa esta carta, las dejo para otra.

II

Muy señor mío: Es en verdad muy curioso que entre las palabras que usted incluye y define en su Vocabulario haya bastantes que nos parezcan peregrinas, no porque no sean castellanas, sino porque han caído en desuso o se derivan de otras que han caído en desuso en España. Así, por ejemplo, bosta, estiércol del ganado vacuno y caballar. En el Diccionario de la Academia no hay bosta, pero sí bostar, sustantivo anticuado, que significa establo para bueyes. Es término de la baja latinidad bostarium, y viene de bos y de stare.

Lo general, con todo, es que cada uno de los vocablos rioplatenses, que usted pone en su libro, provenga de alguna de las dos principales lenguas que se hablaban en esa vasta región cuando el descubrimiento y la conquista: la guaraní y la quichua. Las lenguas americanas son aglutinantes y se prestan a crear vocablos compuestos, que son como abreviada descripción del objeto que significan. De la lengua guaraní provienen la mayor parte de las voces que usted define; pero no son de aquellas voces que se usan en el Paraguay, donde se habla puro guaraní, ni de las empleadas en Corrientes y Misiones, donde se habla el guaraní mezclado con el castellano, sino de las que, según dice usted en su Prólogo, «el uso antiguo y constante ha incorporado a la lengua castellana en las Repúblicas Argentina y Oriental del Uruguay». Las voces son, pues, castellanas, aunque en la lengua guaraní haya de buscarse su origen etimológico.

Gloria grandísima ha sido de los misioneros españoles, no solo el llevar a América plantas y animales útiles, industria y cultura de Europa, sino el mirar con evangélica solicitud por el bien de las tribus indígenas, cristianizándolas, difundiendo entre ellas la civilización del mundo antiguo y transmitiendo a éste el conocimiento de aquellas rudimentarias o decaídas civilizaciones, sus ideas religiosas, sus tradiciones y sus idiomas.

Es lástima que este trabajo de los misioneros, sobre todo en lo tocante a gramáticas y diccionarios de idiomas de América, no sea tan generalmente apreciado como debiera por la escasez de ediciones de sus libros, que van siendo muy raros. El Tesoro, no obstante, de la lengua guaraní, arte y vocabulario del padre Antonio Ruiz de Montoya, de la compañía de Jesús, impreso en 1640, debe de haberse reimpreso últimamente en Leipzig.

Usted, sin duda, se vale para su trabajo de esta obra del mencionado jesuita, cuyo mérito pondera como merece Emilio Daireaux en su excelente libro, aunque a veces injustamente contrario a España, sobre Buenos Aires, La Pampa y la Patagonia.

El guaraní, cuando llegaron a la América del Sur los españoles, era lengua tan difundida, que la llamaban general: la hablaban más de 400 tribus, en el Paraguay, en el Brasil, en el Uruguay y en el Norte de la República Argentina. Las conquistas de los Incas, que procuraban imponer la lengua quichua a los vencidos, no lograron introducir muchos de sus vocablos ni en lengua guaraní, ni en la lengua de los araucanos.

La lengua guaraní es aun la que más se habla en el territorio rioplatense, y sobre todo en el Paraguay y en Corrientes, y aunque destinada a morir, la que dejará más elementos léxicos al castellano. De la lengua guaraní, añade usted, proceden la mayor parte de las voces que el Vocabulario contiene.

En cada página, no obstante, hallo en el Vocabulario de usted voces que proceden de otros idiomas, o cuya etimología no determina usted con fijeza. Así, machí, curandero mágico, y gualicho, diablo, del araucano; catinga, mal olor de la transpiración de los negros, y mandinga, hechicería, palabras casi de seguro de procedencia africana; y otras palabras, muy empleadas por autores antiguos y modernos, cuya etimología se nos queda por averiguar. Sean ejemplo baquia y baquiano o baqueano, que emplean el padre Parras, Azara y Vargas Machuca; chacra, granja o cortijo que está en Azara y en el Diccionario de la Academia; champán, barca grande para navegar por los ríos; chiripá, pedazo de tela que se enreda a los muslos en vez de pan-talones; chumbé, especie de faja; galpón, especie de cobertizo; y hasta la misma comunísima palabra gaucho, de la que nos deja usted sin etimología.

En suma, si bien la obra de usted deja mucho que desear, es altamente meritoria, como primer ensayo, y muy digna de las discretas y autorizadas alabanzas que le tributa en la introducción crítica el señor don Alejandro

Magariños Cervantes, literato y poeta, tan conocido y estimado en España, donde residió largo tiempo.

Algunos artículos de su Vocabulario de usted, a más de enseñar siempre, son amenos y divertidos.

Al leer, verbigracia, lo que nos dice usted de los ayacuáes no puede uno menos de pensar en los microbios, ahora en moda. Esos indios habían adivinado los microbios antes de que el señor Pasteur los descubriera y estudiara tanto. Cada ayacuá es un microbio, pero antropomórfico, y armado de arcos y de flechas, con las cuales, o si no con los dientes y con las uñas, produce las enfermedades y dolores humanos.

En ocasiones, por amor a lo americano indígena, me parece que se encumbra usted demasiado y tal vez exagera. Noto esto en lo que dice usted sobre la palabra Tupá, nombre de Dios entre los guaraníes. Es evidente que a ser la etimología según usted asegura, ese nombre de Dios está lleno de cierta instintiva sabiduría. Tu es el signo de admiración, y pa el signo de interrogación: son dos interjecciones. Dios es, por consiguiente, para el guaraní, un ser a quien admira y no conoce, alguien cuya existencia, inmenso poder y admirables obras declara sin saber quién sea. Pero esta vaga y confusa noción de Dios, ¿puede y debe equipararse como usted la equipara, a la noción que da la frase bíblica, yo soy el que soy? En mi sentir, no. El padre jesuita Díaz Taño, citado por usted, se excedió algo de lo justo si sostuvo que los guaraníes designaban por Tupá al criador, señor, principio, origen y causa de todas las cosas.

La razón, el natural discurso y hasta los restos o vestigios de una revelación primitiva no bastan a explicar la persistencia del concepto de un Dios único, con sus más esenciales atributos, entre gentes bárbaras o salvajes. Este concepto no puede menos, aunque existiese con pureza en edad remota, de haberse viciado, desfigurado y corrompido con el andar del tiempo, y en un estado social de gran atraso o decadencia. Por eso no creo yo, o pongo muy en cuarentena, todas las teologías sublimes que tratan de sacarse, por análisis, de los nombres que dan a Dios muchos pueblos bárbaros o completamente selváticos.

Los jesuitas, no solo por ahí, sino en otros varios países, han sido acusados de aceptar el nombre dado por los paganos e idólatras a su principal divinidad y de convertirle en el nombre del Dios verdadero. Yo, hasta donde me sea lícito intervenir retrospectivamente en esta disputa, lego y profano como soy, hallo que los jesuitas hacían bien; mas no porque el concepto que la palabra Tupá despertaba en un guaraní fuese adecuado al concepto del verdadero Dios, sino porque la palabra Tupá y el concepto que designaba eran lo que menos distaba entre ellos del nombre y concepto de Dios entre cristianos. La idea representada por la voz Tupá era como bosquejo informe de la idea que tiene o debe tener el cristiano del Ser Divino.

Me parece, como a usted, que el obispo don fray Bernardino de Cárdenas anduvo harto apasionado e injusto al promover acusaciones y persecuciones contra los jesuitas porque llamaban a Dios Tupá. Es indudable que éste era el mejor modo que había en guaraní de llamarle. Más difícil sería de justificar a los padres que en China, pongo por caso, tomaron los nombres de Li, Tai Kie y Xang Ti, para designar a nuestro Dios, porque estos nombres no eran de significación candorosa, vaga y confusa, para nombrar cierto ser poderoso e incógnito, sino términos de reflexiva y bien estudiada filosofía, la cual los define y les da el sentido determinado y claro de un panteísmo casi ateo. El Li es la materia prima, la sustancia única, y el Tai Kie la fuerza inherente en la materia, que la transforma de mil modos y produce vida y muerte, y da origen a todo el proceso de los seres con su variedad infinita. Bien dilucida esto el padre fray Domingo Fernández Navarrete en el Tratado V de los que compuso sobre China, donde expone con profunda claridad las doctrinas de la secta literaria del Celeste Imperio.

Los citados nombres chinos no podían emplearse o al menos era inconveniente y ocasionado a grandes errores el emplearlos para nombrar a Dios, por lo mismo que los sabios chinos, ateos o monistas, como se dice ahora, habían explicado bien su sentido. Mas por idéntica razón, a mi ver, no hay irreverencia, ni ocasión de error, en llamar a Dios Tupá, cuando se habla en guaraní y a los guaraníes. Lo indeterminado, vacío y confuso del concepto que encierra el vocablo Tupá permite que el catequista o misionero le determine, le llene y le aclare, con arreglo a la sana doctrina.

Lo que yo censuro pues, aunque blandamente, es que usted se deje llevar del afecto al idioma que hablan ahí los indígenas, hasta el extremo de querer desentrañar, del seno de los vocablos, filosofías y sutilezas que, antes de la llegada de los europeos, no podían estar en la mente de los salvajes.

Confieso, no obstante, que este arte, empleado por muchos, para sacar metafísicas y otras prodigios y refinamientos intelectuales de palabras y frases de idiomas primitivos, me divierte, aunque no me convence. Los pueblos arios, ¿quién ha de negar, pues dominan aún el mundo y extienden por él su superior civilización, que desde el principio, allá en su estado primitivo, eran muy inteligentes? Y sin embargo, ¿qué metafísica ocultaba ninguno de los nombres con que significaban la divinidad? Deva, Asura, Boga, Nara, Maniu, no esconden ninguna metafísica en sus letras. La metafísica vino después, por la reflexión, y ya entonces el vocablo evocó o pudo evocar todos los conceptos con que la metafísica había enriquecido su significado.

Como yo entiendo así las cosas, no creo en las resultas, pero me hacen muchísima gracia los esfuerzos de imaginación con que, triturando, exprimiendo y poniendo en prensa palabras, sacan algunos lingüistas chorros, ríos de ciencia de cada sílaba, de cada letra y aun de cada tilde. Nadie vence en esta habilidad a los vascófilos, entre quienes descuella Erro, y aun debiera descollar y ser más famoso mi discreto, inaudito o ingeniosísimo amigo don Joaquín de Irizar y Moya, cuyos libros hicieron siempre mi delicia.

Últimamente he visto algunas de las obras de un príncipe o maginóo tagalo llamado Paterno, el cual, con no inferior saber y con igual riqueza de fantasía que mi amigo Irizar, halla y revela portentos en la civilización antigua de la gente de su casta y saca de las letras del nombre de Dios en tagalo, Bathala, una teodicea exquisita como la de Leibniz.

Usted no va, ni con mucho, tan lejos con su Tupá; pero en fin, usted se entusiasma un poco, dando motivo a esta disgresión mía, que no considero del todo impertinente.

Aplaudo, y si pudiera fomentaría, la propensión que hay en esas repúblicas y en el imperio del Brasil a estudiar con esmero, los usos, costumbres, historia, lenguaje y poesía de los indios, pero ni en verso ni en prosa está bien exagerar lo que valían por la cultura cuando llegaron los europeos. Fuera de los mexicanos, peruanos y chibchas, no había en América a fines del siglo XV sino tribus salvajes.

El gran poeta brasileño Gonzalves Días pinta a estas tribus del modo más novelesco e interesante, pero les deja su salvajismo y hace bien.

Dentro de este salvajismo caben perfectamente el denuedo en las lides, la fidelidad, la constancia y hasta la ternura amorosa y otras virtudes y excelencias. Lo que no cabe es cierto refinamiento en las ideas morales y religiosas, que harto generosamente se atribuye a los indios. Serían menester más pruebas, y no las hay o no han llegado a mi noticia, para reconocer esas prendas en los guaraníes. Sus cantares, pues se dice que los tienen, y aunque son muy poetas, debieran recogerse y coleccionarse antes que desaparezcan del todo.

En los araucanos, en cambio, lo que más se celebra es la oratoria. Como la lengua que hablan (de la que compuso excelente gramática el padre jesuita Andrés Febres), es, según afirman, bellísima lengua, y como ellos son muy parlamentarios, y se reúnen o se reunían en juntas o asambleas para deliberar sobre la política, tenían ocasión de pronunciar magníficos discursos llamados coyaptucan, donde dicen que hay gran riqueza de imágenes, apólogos y otros primores, todo sujeto a las más severas leyes de la buena retórica. Aún se conservan los nombres de algunos antiguos tribunos o famosos oradores, como Lautaro y Machimalongo, y fragmentos de discursos o discursos enteros de los que pronunciaron.

Como quiera que sea, no ha de faltarme día en que venga más a propósito hablar de todo esto, entrando de lleno en el asunto, y no por incidencia y de refilón, al encomiar como se merece el Vocabulario de usted, por cuyo envío le doy encarecidas gracias.

Novela parisiense mexicana
31 de mayo de 1889

A doña Concepción Jimeno de Flaquer

Mi distinguida amiga: No sé cómo agradecer a usted el que se acuerde de mí y me envíe con frecuencia y en abundancia libros publicados en México, por aquí casi desconocidos. Mi deseo es hablar de todos y darlos a conocer al público español; pero el tiempo y el humor me faltan.

Entre los últimos libros que usted me ha remitido, hay uno que me agrada sobremanera. Su autor, José María Roa Bárcena, es de los hombres más eminentes y simpáticos de ese país. Conozco sus poesías líricas, que él mismo me ha enviado; pero solo sé por fama, y tengo gran deseo de ver sus leyendas históricas de antes de la conquista española y sus eruditos trabajos en prosa como historiador del Anahuac.

El señor Roa Bárcena es también novelista; y dan sin duda brillante prueba de su mérito en esta clase de escritos los varios cuentos, reunidos en un precioso volumen, de que usted me regala un ejemplar. Noche al raso es lindísima colección de anécdotas y cuadros de costumbres, donde el ingenio, el talento y la habilidad para narrar están realzados por la naturalidad del estilo y por la gracia y el primor de un lenguaje castizo y puro, sin la menor afectación de arcaísmo. En el terrible cuento Lanchitas, la fantasía del autor y su arte y buena traza prestan apariencias de verosimilitud y hasta de realidad al prodigio, más espantoso. En estos cuentos del señor Roa Bárcena, por lo mismo que están escritos en tan acendrado lenguaje castellano, se notan más los vocablos exóticos que designan objetos de por ahí, aunque rara vez acude el lector con éxito al Diccionario de la Academia para saberlo a punto fijo. Así, por ejemplo, xícaro, zacatón, otate, cuilote, tapextle y abarrotero.

Dejo por hoy de decir más del señor Roa Bárcena, y no hablo de Altamirano, ni de Peón y Contreras, ni de los restantes libros remitidos por usted, porque voy a escribir sobre la obra de otro mexicano hace ya muchos años ausente de su patria, que estuvo en España bastante tiempo, y que después lleva pasados en París hasta hoy lo menos treinta y tres o treinta y cuatro años.

Se titula el libro de este mexicano expatriado Al cielo por el sufrimiento, y está escrito, como ya se entrevé por el título, en esa habla española, desteñida y cosmopolita, que ha de hablarse en París en cierto círculo elegante de hispanoamericanos y de españoles residentes en aquella culta y amena capital, centro y foco de la civilización neolatina.

No es menester análisis para señalar los galicismos del libro de que trato. Todo el libro es un galicismo sintético, digamoslo así; pero no lo digamos en son de censura. En este caso, parece la falta que señalo inevitable requisito del valer y del encanto que el libro tiene. Es la obra, no de un literato de profesión, sino de un hombre de mundo, que, casi involuntariamente, sin pretender escribir una novela, fija en el papel sus impresiones y sentimientos, y nos cuenta, con la mayor naturalidad y sencillez, sucesos que ha visto, y tal vez lo que él ha vivido.

Franceses son los personajes del drama, francesas las costumbres que el autor describe, y la sociedad elegante de París y sus casas el medio ambiente y el lugar de la escena. Si se cambiasen la ortografía y la terminación de las palabras, el libro casi quedaría en francés, y, en mi sentir, competiría entonces con cualquiera novela de Feuillet, de Ohnet o de Cherbuliez, ya que tendría más sinceridad y más verdad, aunque tuviese menos artificio. Es un espejo donde se ve con fidelidad lo mejor y más sano de cierto círculo de gentes, que, colocado entre las pasiones y apetitos de la baja plebe, los esfuerzos y faenas de una burguesía codiciosa y traba j adora, y el torbellino de los ricos viciosos y derrochadores, procura realizar una vida honrada y cómoda de sibaritismo honesto y juicioso, de elegancia católica, y de finura apacible, entreverada de devoción.

Difícil es vivir en esta encopetada y graciosa Arcadia, llena de distinción, perfumada de buen tono, limpia y serena, y cuyos Melibeos y Filis deben tener, a fin de hacer su papel con desahogo, lo menos cincuenta o sesenta mil pesetas de renta cada uno, y todos suma prudencia, arte y ciencia doméstico-económica, para no dejarse arrebatar por el atractivo del lujo, no gastar más de lo que tienen, no arruinarse, y no tener que salir de la Arcadia para irse a la Tebaida o a cualquier otro retiro más o menos penitente.

Es indudable que existe en París uno o más círculos de esta clase. Son como isla o islas de reposo en medio de turbulento mar, lleno de sirtes, escollos y bajíos.

No es utopía, sino realidad, esta a modo de nueva Jerusalén en germen y bosquejo, que surge del seno mismo de la moderna Babilonia. Llámanla, creo, beau monde o monde comm'il faut, y se contrapone a otros mondes, que se marcan con calificativos extraños, como monde camelotte, demi monde, quart de monde, monde interlope, etc.

El autor de Al cielo por el sufrimiento, nos introduce en el círculo, o en uno de los círculos de ese beau monde de París, donde constantemente ha vivido, y nos le pinta con todos sus pormenores, resultando del cuadro cierta poesía natural y suave. Yo comparo su libro a un vaso gracioso, pongamos de cristal de Venecia, lleno de una poción, no muy dulce para que no empalague, ni muy amarga o agria para que no ofenda al paladar, y donde se notan el sabor y el aroma de los ingredientes que la componen: vida devota de san Francisco de Sales; música religiosa de Cherubini, Beethoven, Mozart, Rossini y Niedelmeyer; bailes blancos y bailes rosas; trajes de Worth, Rouff, Laferrière, Felix y Pingard; sombreros de Virot o de Isabel, y guisos de los Gouffé, Lavigne, Chenu, Pasquier, Canivet y sus rivales, discípulos y sucesores.

De todo esto se disfruta en bellísimos salones centro del más refinado confort, y donde se ven acumulados, en artístico y aparente desorden, muñequitos de Sajonia, jarrones de Sèvres, tacitas y juguetes de plata holandeses, cuadros, estatuas y esmaltes, muebles Luis XV, telas Luis XIV, costosas baratijas Luis XVI, relojes de chimenea primer imperio, y otra multitud de admirables bibelots o chirimbolos.

Pero ya que estamos en este mundo hechicero y gratísimo, bueno será que diga yo a usted quién nos guía por él y lleva como de la mano.

Aquí me entran ciertos escrúpulos. Yo he recibido el libro por el correo. Ignoro quién me le envía. Y dice el libro: Edición privada. Supongo que esto significa que el libro no es para el público; no se halla de venta. ¿Hasta qué punto, me interrogo, me será lícito criticarle, aunque en la crítica entre por más el elogio que la censura, porque la justicia así lo exige? Pero, al fin, me respondo: el libro está impreso, y, aunque no se venda, circulará. Nadie me encarga que guarde el secreto. No abuso, pues, demasiado de la publicidad. Ojalá que todos los abusos de este linaje fueran tan inocentes como el mío.

Me mueve además a tratar del libro la buena amistad que a su autor profesamos, desde hace casi medio siglo, toda la sociedad de Madrid, y muy en particular mis parientes y mis amigos.

El autor es don José Manuel Hidalgo.

Su nombre pertenece a la historia política, no solo de Europa, sino del mundo, en la segunda mitad del siglo XIX. Su intención fue buena. Quiso enviar sosiego, prosperidad, ventura y mayor dosis de civilización a su patria. Si erró en los medios, a i posteri l'ardua sentenza. Importante fue su acción en todos aquellos sucesos que colocaron en el trono de México al entusiasta y noble príncipe Maximiliano, cuya trágica muerte deplora él todavía.

Toda la fingida narración que su libro contiene está impregnada de aquella blanda melancolía, propia de un alma religiosa, lastimada y herida por tremendas catástrofes y por solemnes desengaños. Esta melancolía, si blanda, profunda, brota del centro mismo de las elegancias, primores y refinamientos que el autor describe.

La novela del señor Hidalgo, así por el candor inimitable con que está contada, como porque algunos de los lances no vienen dialécticamente justificados, según suele estarlo toda ficción, parece, más que novela, verdadera historia.

A veces, lo confieso con cierto rubor, hay en la novela sublimidad y delicadezas de sentimiento, que dan tan crueles resultados, que yo, movido a compasión, siento deseo de ingerirme entre los personajes y de aconsejarles que transijan y sean menos severos.

La condesa viuda de Hautmont es un dechado de talento, piedad, virtud y distinción aristocrática; pero la situación en que tiene al pobre señor Zentres es cruelísima. A la verdad, yo entiendo que, pasados cinco o seis años de viudez sin ofender a Dios, sin faltar a la memoria de su primer marido, y muy en consonancia con todas las reglas y liturgias, la condesa hubiera debido modificarse, ser menos cogotuda, casarse, en una palabra, con el señor Zentres, y no hacer de él un Tántalo de corbata blanca, un perpetuo Patito y un mártir crónico del amor mal pagado. Y todo esto teniéndole siempre al lado suyo, a modo de apéndice, que sabe Dios lo que dirían las malas lenguas: el gran Galeoto, que hasta en el mundo más comm'il faut, asiste y hace de las suyas.

La lastimosa situación del señor Zentres me explica aquel capricho del infante don Alfonso de Portugal, cuando ordenó al escritor que rehízo la historia de Amadís de Gaula que cediese este héroe, hasta con permiso de la señora Oriana, a la tenaz y vehemente pasión de aquella otra princesa llamada Briolanja, que por él moría, sin remedio, de amores. Tanto me afligen las malas andanzas del señor Zentres, que respiro, cuando después de la muerte de la condesa, se hace él monje cartujo, considerando yo que el cuitado entra a hacer vida mucho menos penitente que la que antes hacía.

Los opuestos caracteres de las dos hijas de la condesa, Ida y Lea, están bien trazados y seguidos. Ida, con un marido vanidoso y ligero, y ella vanidosa y ligera también, se deja arrebatar por la manía del esplendor y de la magnificencia; se arruina, es abandonada por el marido, que se va a California a buscar oro; y ella muere al cabo míseramente en el hospital. Lea es una santa; pero, con franqueza, yo hubiera deseado más justificación en el lance que la decide a ser Hermana de la Caridad. Lea no tiene tiempo, ocasión, ni razonable y suficiente motivo para amar de tal suerte a su novio, que le produzca desilusión tan profunda el que éste la abandone, la plante, por otra señorita que tiene cuatro o cinco veces más dote. Hablemos claro, aunque no sea comm'il faut: lo que hizo el novio de Lea fue una verdadera porquería; no tiene otro nombre. Pero, ¿qué diantre? ¿No se había tratado su matrimonio con Lea, contando previamente los ochavos de él y la dote de ella? Lo feo del caso estuvo en faltar a la promesa de un convenio de aparcería porque se halla otro convenio que trae más ventaja; pero la fe amorosa quebrantada y los mismos amores apenas se descubren.

Como quiera que sea, la vocación acude: Lea se hace Hermana de la Caridad; es una heroína y una santa, y todo ello está narrado con amor, con ternura, con fervor y caridad de cristiano.

El libro de mi antiguo amigo el señor Hidalgo es muy moral, muy devoto y algo melancólico; mas no por eso deja de entretener y de interesar. Además de ser el libro moral y devoto, y asimismo ameno, es, como queda dicho, de alta elegancia, lo cual no está en oposición tampoco con la devoción, con la moralidad y con la limpieza de costumbres.

Ya que el señor Hidalgo se lanzó, es de desear que persevere en el camino que ha tomado. Su cabeza ha de estar llena de noticias y de recuerdos de casos novelescos de la sociedad elegante de París, de aquella hight life central en que hace tantos años vive. ¿De qué variada cantidad de aventuras, amores, anécdotas y sucedidos de todo género, no podría valerse, si quisiese el señor Hidalgo, para componer, por docenas, novelas divertidísimas, sobre todo si no siguiese aislando mucho su monde correcto y plenamente comm'il faut, y dejase que de vez en cuando hubiera en él irrupciones de los otros mondes, interlope, camelotte, etc., etc.? Hasta su misma calidad de extranjero haría que el señor Hidalgo viese y representase los objetos con mayor imparcialidad que los parisienses de nacimiento.

No dudo que llegará ahí la novela del señor Hidalgo, y aconsejo a usted que la lea. Es lectura propia de señoras, y está dedicada a una que lo es muy principal: discreta y elegante hija de nuestra España: a doña Mercedes Alcalá Galiano, baronesa de Beyens.

Tabaré
30 de septiembre de 1889

A don Luis Alfonso

Mi distinguido amigo: No puede usted figurarse cuán grande es mi gratitud a usted por las generosas alabanzas que ha dado a mis *Cartas Americanas*. Y si bien yo soy algo egoísta, como cada hijo de vecino, no se lo agradezco tanto porque alabándome aumenta usted mi crédito de escritor, cuanto porque une usted sus esfuerzos a los míos en un trabajo que considero utilísimo.

España y las que fueron sus colonias en América, convertidas hoy en dieciséis repúblicas independientes, deben conservar una superior unidad, aun rotos los lazos políticos que las ligaban. El importante papel que España ha hecho en la historia del mundo, sobre todo desde que su nacionalidad apareció plenamente a fines del siglo XV, imprime a cuanto proviene de España, por sangre, lengua, costumbres y leyes, un sello exclusivo y característico que no debe borrarse.

Dicen que yo soy muy escéptico; pero creo en multitud de cosas en que los que pasan por creyentes no creen; y entre otras creo (por manera vaga y confusa, es verdad) en los espíritus colectivos. Mi fantasía transforma en realidad sustantiva lo que se llama el genio de un pueblo o de una raza. Lo que es figura retórica para la generalidad de los hombres, para mí es ser viviente. Y al incurrir en tan atrevida prosopopeya, no me parece que incurro en paganismo ni en hegelianismo. ¿Acaso no cabe mi suposición dentro del pensar cristiano? ¿No consta del Apocalipsis que tenían sendos ángeles tutelares las siete iglesias del Asia? ¿No es piadosa creencia la de que cada individuo tiene su ángel custodio? Pues entonces, ¿por qué no ha de tener cada pueblo y cada raza un ángel custodio de más alta categoría y trascendencia, que ordene las acciones de los hombres todos que a dicha raza pertenecen, en prescrita dirección y cierto sentido, para que formen, dentro de la obra total de la humanidad entera, una peculiar cultura? Esta, combinándose con el producto mental de otras grandes razas y nacionalidades constituye la civilización humana, varia y una en su riqueza, la cual, desde hace más de dos mil años, cinco o seis predestinados pueblos de Europa han tenido y tienen la misión de crear y de difundir por el mundo.

Mi razonamiento, y le llamo mío, no porque no le hayan hecho otras personas, sino porque yo le hago ahora, me induce y mueve, sin el menor escrúpulo de que alguien me acuse de herejía, a dar adoración y culto al genio, o, si se quiere al ángel custodio de la gente española. Así es que yo, si bien deploro que aquel grande imperio de España y sus Indias se desbaratase, todavía absuelvo a los insurgentes que se rebelaron contra el señor rey don Fernando VII y acabaron por triunfar de él y sustraerse a su dominio; pero no absuelvo, ni absolveré nunca a los insurgentes contra el genio de España, y ora se rebelen en ultramar, ora en nuestra misma península, los tendré por rebeldes sacrílegos y lanzaré contra ellos mil excomuniones y anatemas.

Disuelto ya el imperio, no hay más recurso que resignarse; pero no debe disolverse, ni se disuelve, la iglesia, la comunidad, la cofradía o como quiera llamarse, que venera y da culto al genio único que la guía y que la inspira. Todos debemos ser fieles y devotos a este genio. Yo, además, me he atrevido a constituirme, al escribir las Cartas Americanas, en uno de sus predicadores y misioneros. ¡Ojalá se me perdone el atrevimiento en gracia del fervor que le da vida en mi alma!

Sea por lo que sea, pues no es del caso entrar aquí en tales honduras, la madre España, desde hace más de dos siglos, ha decaído, no solo en poder político, sino en aquel otro poder de pensamiento que se impone a los espíritus y domina en el mundo de la inteligencia. Francia, Inglaterra y Alemania, son ahora reinas y señoras en esto, así como en las cosas materiales. De aquí algo como un vasallaje intelectual en que nos tienen. Van delante de nosotros por el camino del progreso, y como en la ciencia positiva y exacta no hay más que un camino, tenemos que seguir las huellas de dichas naciones. Esto ni puedo ni quiero negarlo yo. Ni negaré tampoco que, en todo lo que es ciencia inexacta, deslumbrados nosotros por los adelantamientos reales de los extranjeros, también solemos seguirlos ciegamente, y aceptar y aun exagerar sus sistemas, sofismas y especulaciones, los cuales acostumbran ellos a forjar con más primor, con más arte, y, sobre todo, con mayor autoridad, gracias al descaro, a la frescura y al aplomo soberbio que les presta la confianza de ser más atendidos por pertenecer a nación dominadora o preponderante en el día. Parece, pues, inevitable y fatal que, desde hace dos siglos, nos mostremos como discípulos, como imitadores de los extranjeros, en teorías y doctrinas políticas y filosóficas. Las modas de todo esto vienen de París, como las modas de trajes, de muebles y de guisos.

Entretanto, el genio de nuestra raza, ¿duerme, nos abandona o qué hace? Aunque renegamos bastante de él, aunque olvidamos o desdeñamos por anticuado y absurdo lo que nos inspiró en otras edades, yo entiendo que nos asiste y nos inspira aún, especialmente en todo aquello menos sujeto a progreso o en que no se progresa; en todo aquello que flota, o, más bien, vuela independiente y con plena libertad sobre el río impetuoso por donde van navegando los espíritus humanos.

Es cierto que cuando nos hemos puesto a filosofar en sentido racionalista, ya hemos sido volterianos, ya secuaces de Condillac, ya de Cousin, ya de algún alemán en Alemania apenas estimado; ya de Kant, ya de Hegel, ya de Renouvier, ya de Comte y Littré. Es cierto que, cuando no hemos politiqueado por rutina o pasión, sin ser los principios más que vanos pretextos, hemos tomado los guías más extraños. Los conservadores, por ejemplo, a un protestante infatuado y seco, que nos despreciaba hasta el extremo de creer que se podía explicar la historia de la civilización de Europa haciendo caso omiso de España; los ultraconservadores ultracatólicos, a los sensualistas elocuentemente desatinados De Maistre y Bonald; y en esto han llegado a tal delirio nuestros entusiasmos y nuestro afán de ser arrendajos, que yo doy por seguro, y creo no equivocarme, que si Proudhon no se hubiera mostrado federalista en uno de sus libros, tal vez por odio y celos de francés a la unidad italiana, y si en España no hubiera habido un escritor y orador de valer y aficionadísimo a Proudhon, jamás en España le hubiera pasado a nadie por la cabeza que nos trocásemos en república federal, rompiendo la unidad nacional a tanta costa y después de tantos siglos apenas lograda.

Pero es más: tal es o ha sido el descuido, el olvido o la corta estimación de nosotros mismos por nuestro propio pensamiento, que para volver a ser escolásticos en la patria del doctor Eximio, de Victoria, de Melchor Cano y de Domingo de Soto, ha sido menester que nos impulsen Kleutgen, Van Wedingen, Liberatore, Prisco y otros tudescos, belgas e italianos.

Hasta en literatura, en lo que tiene de preceptivo, crítico y teórico, hemos recibido el impulso de fuera: hemos sido clásicos a la francesa desde Luzán; y luego románticos, porque el romanticismo vino de París; y luego naturalistas para remedar a Daudet y a Zola.

Por dicha, en medio de este vasallaje, se nota ya, desde hace años, cierto prurito de emancipación. Nuestro espíritu va como barco llevado a remolque, en el mar o río del progreso; pero ya se siente agitado por el potente soplo del genio de la raza, que tira a romper la cadena de los que nos van remolcando, y a dejarnos sueltos para que naveguemos por nuestra cuenta y riesgo.

Traigo aquí todo esto para rectificar varias sentencias que me atribuyen, sin motivo, los pocos periódicos franceses y angloamericanos que han hablado de mis Cartas. Ni yo desconozco todo el valer de la ciencia y del ingenio de Francia, ni propendo con astucia diplomática, como cree la Revue Britannique, a separar a los hispanoamericanos de la alianza intelectual francesa, ni los acuso de imitadores de todo lo francés, como sí nosotros no lo fuésemos, y como si ellos en tal imitación no nos imitasen.

De este lado y del otro del Atlántico, veo y confieso, en la gente de lengua española, nuestra dependencia de lo francés, y, hasta cierto punto, la creo ineludible; pero ni yo rebajo el mérito de la ciencia y de la poesía en Francia para que sacudamos su yugo, ni quiero, para que lleguemos a ser independientes, que nos aislemos y no aceptemos la influencia justa que los pueblos civilizados deben ejercer unos sobre otros.

Lo que yo sostengo es que nuestra admiración no debe ser ciega, ni nuestra imitación sin crítica, y que conviene tomar lo que tornemos con discernimiento y prudencia. Y sostengo además que, en Francia y en otros países, los que prestan hoy alguna atención a nuestra literatura contemporánea, la consideran más de reflejo de lo que es, y apenas nos conceden ya otra originalidad que la grotesca y villana de lo chulo y lo majo. Piensan en España, y solo ven, en lo pasado, autos de fe y hervidero de frailes; y en lo presente, toros, navajas y castañuelas. Lo restante es francés todo.

Mi protesta es contra esto. A pesar de la ineludible imitación, existe hoy, y ha existido siempre, en nuestra literatura, un fondo de originalidad grandísimo, el cual ha dado y da razón de sí y luz brillante en la poesía. Vea usted por qué me ha desazonado tanto la declaración de Clarín de que en España no hay ahora sino 2,50 poetas. ¿Qué nos queda, si la poesía se nos quita?

Para consolarme, me explico dicha declaración de cierto modo, y entonces todo va bien. Para Clarín, el concepto de poeta es tan ideal y tan alto, que solo dos españoles llegan hoy a él, y otro a la mitad de su idealidad y de su altura. Entendido así el negocio, no hay de qué, quejarse en absoluto. Y si en lo relativo caben quejas, quien menos debiera darlas, con perdón sea dicho, es Manuel del Palacio; pues, poniendo aparte a Zorrilla, y sin calificar de ceros en poesía, y concediendo siquiera el valor de céntimos a Tamayo, Ferrari, Velarde, Rubí, Verdaguer, Alarcón, Fernández-Guerra, Teodoro Llorente, Miguel de los Santos Álvarez, Querol, Cañete, Narciso Campillo, Grilo, Correa, Cabestany, Echegaray, Menéndez y Pelayo, Molins, Cánovas, Cheste y otros, resulta que Clarín ensalza a Manuel del Palacio por cima de todos los citados señores, y le da cincuenta veces más valer que a cualquiera de ellos. Y como entre ellos no hay ninguno que pase por tonto, ni que no haya mostrado habilidad en otros asuntos en que se ha empleado, de presumir es que la ha mostrado también en la poesía, a no ser que sea la poesía tan sobrenatural y tan sublime, que solo la alcancen dos, y uno medio la alcance.

Infiero yo de aquí, no diré contra el sustancial pensamiento de Clarín sino contra los términos en que le expresa, que en España hay ahora muchos poetas; que nuestra poesía de hoy importa más que nuestra filosofía y que nuestras ciencias naturales, matemáticas, históricas y políticas; y que, tomando, no un momento solo, sino un período extenso, el siglo XIX. España no compite ni rivaliza por sus filósofos, sabios, historiadores, etc., pero sí compite y rivaliza por sus poetas, con Francia, Alemania, Inglaterra e Italia.

Hay, pues, en España abundancia de poetas que, lleguen adonde lleguen en el Poetámetro, o instrumento para medir poetas, que ha de tener Clarín, no quedan por bajo del nivel de los que en tierras extrañas se califican de buenos; y algunos hay, pongo por caso Quintana, que bien pueden codearse con Chénier, con Manzoni, y con los más altos líricos ingleses, sin deberles nada, ni haberlos imitado ni conocido acaso.

Lo que sí nos falta es público: lectores entusiastas. La plebe intelectual no lee, o lee poco; le estorba lo negro, como se dice hablando con llaneza;

y nuestros doctos padecen bastante de desconfianza en nuestro valer y de cierto desdén a lo español, de que nos han aficionado los extranjeros.

En esta situación de los espíritus, es harto difícil mi empresa de agradar, interesar y persuadir con las Cartas Americanas. ¿Cómo va a creer quien apenas cree que hay algo bueno en Madrid, o en Barcelona, que lo hay en Valparaíso, en Bogotá o en Montevideo? Y ¿cómo, a no ser un santo, sin chispa de emulación, no se ha de afligir un poco el poeta de por aquí, a quien tal vez nadie hace caso, y a quien Clarín no calificaría de céntimo de poeta, de que yo importe tanto género similar ultramarino, que llegue a secuestrar la escasa atención y aprecio que pudieran concederle?

A pesar de estos inconvenientes, como yo soy testarudo, he de proseguir en mi tarea. Y todo este preámbulo es para prevenir a usted favorablemente y darle a conocer a un poeta rioplatense, llamado Juan Zorrilla de San Martín, a quien, en mi sentir, no ha de tener en menos su tocayo español, nuestro laureado Zorrilla; y así, si empezamos por poner a éste, añadimos a Campoamor y a Núñez de Arce, y, adoptando la severidad de Clarín, contamos por medio poeta al Zorrilla montevideano, sumándole con Manuel del Palacio, para componer otro entero, tendremos en todas las Españas cuatro poetas vivos y sincrónicos, lo cual se puede entender de suerte que sea muchísimo, cuando, por ejemplo, en Italia se habla con orgullo de los cuatro poetas, no contando más en la prolongación de una historia de seis siglos.

Pero dejemos bromas a un lado; desechemos las medidas arbitrarias y las siempre odiosas y con frecuencia injustas comparaciones. Hablando con seriedad, y en absoluto, yo no digo que es, porque no reparto diplomas, pero digo que me parece Juan Zorrilla un excelente poeta; muy original, muy español y muy americano.

La obra que me induce a pensar así, se titula Tabaré. Es un extenso poema, leyenda o novela en verso.

El autor me ha enviado de presente un ejemplar, por el que le doy encarecidas gracias.

Antes de hablar del contenido del libro, conviene decir de su parte material que nos inspira envidia. En la península Ibérica jamás poeta alguno se ha visto mejor impreso, ni tan lujosamente, ni con tan buen gusto. Tabaré es un hermoso volumen de 300 páginas, excelente papel, impresión clara y limpia, y lindo retrato del poeta grabado en acero. Fecha: Montevideo, Barreiro y Ramos, editor, 1888.

Hablemos ya del poema. Tiempo es, dirá usted, después de tan larga disertación preliminar. Y, sin embargo, lo preliminar no ha concluido. Tabaré es muy americano, y yo quiero decir algo del americanismo en poesía.

Empeñarse en buscar un sello especial y exclusivo que distinga una obra poética escrita en América, sería absurdo. Este sello, o acude sin que le busquen, o no acude. En esta ocasión ha acudido, y con omnímoda plenitud. Quiero significar que Tabaré parece inspirado por el medio ambiente, por la naturaleza magnífica de la América del Sur, y por sentimientos, pasiones y formas de pensar, que no son sencillamente españoles, sino que, a más de serlo, se combinan con el sentir, el discurrir y el imaginar del indio bravo, concebidos, no ya por mera observación externa, sino por atavismo del sentido íntimo y por introversión en su profundidad, donde quien sabe penetrar lo suficiente, ya descubre al ángel, aunque él esté empecatado, ya descubre a la alimaña montaraz, aunque él sea suave y culto. Ello es que en Tabaré se siente y se conoce que los salvajes son de verdad, y no de convención y amañados o contrahechos, como, por ejemplo, en Atala.

Prescindiendo de novelas como las de Cooper, y de descripciones en prosa, en libros científicos y en relaciones de viajes, yo creía que, en poesía versificada, concisa por fuerza y en que no caben menudencias analíticas, los brasileños tenían hasta ahora la primacía en sentir y en expresar la hermosura y la grandeza de las escenas naturales del Nuevo Mundo. Leído Tabaré, me parece que Juan Zorrilla compite con ellos y los vence.

No hay en Tabaré las reminiscencias clásicas que en las epopeyas El Uruguay y Caramurú, y todo está sentido con más originalidad y hondura y más tomado del natural inmediatamente. Carece acaso Juan Zorrilla del saber de Araujo Porto-Alegre, o, si no carece, tiene la sobriedad y el buen gusto de no mostrar que sabe tan al pormenor y tan por experiencia y por ciencia los objetos que le rodean: las piedras, las plantas y los animales; pero no nos abruma, como Araujo Porto-Alegre, aun cuando más le admiramos, o sea en La destrucción de las florestas, con tan rica enumeración descriptiva. El poema de Juan Zorrilla no es descriptivo: es acción, y muy interesante y conmovedora, por donde sus rápidas descripciones, que son el cuadro en que resaltan las figuras humanas, agradan y hieren más la imaginación, aunque sean esfumadas y vagas, y queden en segundo término. Al poeta brasileño a quien más se parece Juan Zorrilla es a Gonsalves Días.

En la forma poética, Juan Zorrilla es de la escuela de Bécquer, al cual, en ambos Mundos, y por donde quiera que suena o se escribe la lengua de Cervantes, no se le ha de negar la gloria de haber creado escuela. No es fácil de explicar en qué consiste la manera becqueriana; pero, sin explicarlo, se comprende y se nota donde la hay. Las asonancias del romance aplicadas a versos endecasílabos y heptasílabos alternados; la acumulación de símiles para representar la misma idea por varios lados y aspectos; una sencillez graciosa, que degenera a veces en prosaísmo y en desaliñado abandono, pero que da a la elegancia lírica el carácter popular del romance y aun de la copla; el arte o el acierto feliz de decir las cosas con tono sentencioso de revelación y misterio, y cierta vaguedad aérea, que no ata ni fija el pensamiento del lector en un punto concreto, sino que le deja libre y le solevanta y espolea para que busque lo inefable, y aun se figure que lo columbra o lo oye a lo lejos en el eco remoto de la misma poesía que lee; de todo esto hay en Bécquer, y de todo esto hay en Juan Zorrilla también.

Lo nuevo en Juan Zorrilla es que, con ser su Tabaré una narración, en parte de ella, en la primera sobre todo, narra y casi no narra. Parece el poema bella serie de poesías líricas, en las cuales la acción se va desenvolviendo. Cuando los personajes hablan, queda en duda si son ellos los que hablan o si habla el poeta, en cuyo espíritu se reflejan con nitidez los sentimientos y las ideas que tienen los personajes de modo confuso, como quien no vuelve sobre su espíritu y le examina y analiza.

Esta manera de poetizar se adapta muy bien al asunto de Tabaré. Tratado en prosa, dicho asunto daría lugar a un sutil análisis psicológico; tratado en verso, y como Juan Zorrilla le trata, su poesía, que no analiza ni discurre, porque no sería poesía si tal hiciera, o sería poesía muy pesada, sobreexcita e inspira al lector para que él mismo haga los discursos y los análisis.

El argumento de la obra cabe en muy breve resumen. El tremendo cacique Caracé, allá en la época de la reconquista, roba a una noble y gallarda doncella española y la hace madre. La desventurada, a pesar del amor a su hijo, no resiste la situación horrorosa en que se halla, la abyecta servidumbre en que ha caído, y las inclemencias de la vida selvática, y muere pronto dejando huérfano al mestizo. Este mestizo es Tabaré, héroe de la leyenda. Por sus venas corre mezclada la sangre del indio bravo, de la raza más feroz, más indómita, más despreciadora de la vida y más rebelde a toda la civilización, con la sangre europea, donde van infundidos los refinamientos de una educación de dos mil años, transmitida por herencia: las virtualidades, gérmenes y aptitudes que, desenvueltos luego y llegados a su plenitud y madurez en el adulto, le hacen señor de la tierra, capaz de los más altos ideales y digno de alcanzarlos.

El poeta nos quiere pintar en su poema la desaparición irremediable de una raza, cuyo salvajismo enérgico, a par que la inhabilita para la vida civilizada, presta a su heroica lucha y a su final hundimiento el aspecto más trágico, excitando la admiración y la piedad. Esta raza es la de los charrúas, que combatieron fieramente contra los españoles hasta que no quedó un charrúa.

Tabaré es de esta raza, pero también es español: lleva en las venas, por misterio inexplicable, la civilización de Europa; inconsciente levadura o fermento, que hierve y agita su organismo; savia que le remueve todo, sin acabar de brotar en flores y en frutos.

Tabaré quedó sin madre desde muy niño. No sabe nada; y por lo aprendido, es tan salvaje como los demás charrúas, mientras que, por lo no aprendido, por lo no formulado, ni hecho distinto y claro por virtud reveladora de la palabra, lleva en sí todos los elementos difusos o informes de las ideas y de los sentimientos más delicados y hermosos.

No entremos aquí a defender ni a refutar esta teoría de la transmisión hereditaria. Yo me limito a decir que ha de tener mucho de cierta, a mi ver, hasta donde no destruye la libertad y la responsabilidad humanas. No hay religión que no la acepte, admitiendo merecimientos y pecados originales. El vulgo la afirma con frecuencia en sus proverbios. La ciencia experimental del día va quizá más allá de lo justo en sostenerla, cayendo en determinismo y en fatalismo.

Como quiera que sea, pues no nos incumbe dilucidar la verdad científica del alma de Tabaré, el valor estético de la creación es grande, y el arte y el ingenio que se requieren para dar forma, vida y movimiento a esta creación, tienen que ser poco comunes.

Juan Zorrilla posee este arte y este ingenio. Ni el poeta penetra en lo profundo del alma de Tabaré, y se pone a analizarla, como haría un novelista psicológico; ni Tabaré habla ni se explica a sí mismo, lo cual sería inverosímil. Y no obstante, el lirismo de Juan Zorrilla, como un ensalmo, como un conjuro mágico, evoca el espíritu de Tabaré y nos le deja ver claramente, en su vida interior, en el móvil oculto de sus acciones, en sus afectos, en su vago pensar y en su complicada naturaleza.

En la confluencia de los ríos San Salvador y Uruguay han fundado los españoles una aldea, fortaleza o puesto avanzado. Don Gonzalo de Orgaz es el joven capitán de los valientes que mantienen allí la bandera de España. Don Gonzalo, a pesar del peligro del puesto, tiene consigo a su esposa doña Luz, y a Blanca, su linda hermana.

De vuelta don Gonzalo de una excursión guerrera, trae a varios prisioneros charrúas. Entre ellos viene Tabaré. Tabaré ve a Blanca. Las raras emociones que al verla agitan su pecho están descritas con tal sutileza, con arte tan delicado, que se comprende y se admira su vaga intensidad. Su idealismo parece real, naturalista y vivido. Se diría que todo el elemento materno de hombre civilizado que había en el espíritu de Tabaré, surge, a la vista de Blanca, desde el tenebroso fondo de su ser de salvaje. Es sentimiento sin nombre, arrobo indefinible, recuerdo confuso de allá de la infancia, cuando su madre vivía y le llevaba en sus brazos. Todo esto no lo dice el indio, porque sería falso que se entendiese él por reflexión, y que se explicase la devoción, la pureza, la limpia castidad, el religioso acatamiento y la admiración que Blanca le inspira. Todo esto no lo dice el poeta tampoco, como si el héroe, mudo o incapaz de explicarse, tuviese intérprete o comentador constante que le fuese traduciendo y glosando. Y todo esto, sin embargo, se ve y resulta de la poesía de Juan Zorrilla, por dificultad vencida y por arte pasmoso, que le dan, en mi sentir, extraordinario mérito y novedad inaudita. Es la más alambicada metafísica de amor puesta en cifra, y por instinto, en el estilo de los salvajes, y puesta con tal claridad, que la comprende el hombre civilizado capaz de comprenderla. No parece sino que el poeta guardaba en ánfora sellada el antiguo elixir amoroso con que se embriagaba Petrarca, y que, depurado por los siglos, le derrama en las selvas primitivas y entre las breñas y malezas, embalsamando el aire del recién descubierto país uruguayo.

Tabaré, que está enfermo, infunde piedad y simpatía a Blanca y al padre Esteban,

> Encarnación de aquellos misioneros
> que del reguero de su sangre hacían
> la primer senda en medio del desierto,
> y marcaban el sitio
> hasta el cual penetraba el Evangelio,
> con el cadáver solo y mutilado
> de algún mártir sin nombre y sin recuerdo.

Por intercesión del misionero y de Blanca, Tabaré queda libre, bajo su palabra de no fugarse de la colonia. Como Tabaré anda melancólico y ensimismado, excita más la piedad y el interés de Blanca, que le habla a veces. Si responde el indio, rompiendo su obstinado silencio, o si el poeta responde por él, interpretando su mirada y sus ademanes, queda en esfumada indeterminación lírica. A la verdad que lo que dice el indio es el sentir y el pensar del indio; pero apenas se concibe que el indio pudiera expresarlo. El encanto de la poesía vence esta dificultad, y aun saca de ella más hermosura. Blanca habló a Tabaré.

> Él se detuvo, sin alzar la frente,
> cual llamado a lo lejos;
> cual si la voz tardara largo espacio
> en ir desde el oído al pensamiento.
> Quedó fijo; temblaba como el arpa
> que ha sacudido el viento;
> como el corcel que en su carrera escucha
> el bramido del tigre en el desierto.
> Así como una piedra,
> al fondo del abismo descendiendo,

despierta temerosas resonancias,
voces lejanas, quejas y lamentos,
la voz de la española
descendió al alma del salvaje enfermo,
y en ese abismo despertó la vida,
la queja, el grito del dolor y el tiempo.

Tabaré habla entonces a Blanca. Sus palabras carecen de orden y concierto. Brotan de sus labios como tropel de sombras y luces. El poeta es,
pues, quien ordena este caos, y le trueca en bellas canciones americanas:

¡Oh! ¡sí! yo sé que acechas
mis horas de dolor;
sé que remedas alas de jilgueros
donde yo estoy.
Yo sé que tú el secreto
conoces de mi ser,
y sé que tú te escondes en las nieblas...
¡Todo lo sé!
Que gimes en el viento;
que nadas en la luz;
que ríes en la risa de las aguas
del Iguazú;
que miras en las altas
hogueras de Tupá,
y en las lunas de fuego fugitivas
que brillan al pasar.
Tú, como el algarrobo,
sueño das a beber,
y das la sombra hermosa que envenena
como el ahué.
Yo, temiendo tu sombra,
tiemblo y huyo de ti,
y tú en el despertar de mis memorias

vas tras de mí.

Luego habla el indio del recuerdo de su madre, que Blanca reanima en su mente:

> Era así como tú... blanca y hermosa;
> era así... como tú:
> Miraba con tus ojos, y en tu vida
> puso su luz,
> yo la vi sobre el cerro de las sombras
> pálida y sin color.
> El indio niño no besó a su madre...
> No la lloró.
> Hoy vive en tu mirada transparente
> y en el espacio azul...
> Era así como tú la madre mía;
> blanca y hermosa...; pero no eres tú.

El amor singular del indio hace que despunte en el alma de Blanca, como en el cielo sereno y puro, una remotísima e indecisa aurora de amor tan indefinida, que se confunde con la piedad con la conmiseración, con la caridad cristiana.

En tal estado vaga Tabaré en silencio por la colonia; y, de día, le juzgan loco, y por la noche, la gente crédula le imagina alma en pena o fantasma.

Varios soldados persiguen al fantasma y le acometen; Tabaré se defiende, y quiebra entre sus fuertes dedos el asta de la lanza de un soldado. Hubiera muerto entonces, si no acude el padre Esteban y le salva.

El lance ocurrido y la singular y sombría condición del indio, avivan las sospechas de doña Luz y de otros sujetos de la colonia, que no creen posible que un charrúa se civilice y deje de ser una fiera, y, a pesar de la generosa y confiada resistencia de don Gonzalo, éste cede al fin y despide a Tabaré para que vuelva a los bosques, a su vida de indio bravo.

La compasiva Blanca ve al indio antes de partir. En la mente del indio, Blanca sigue siendo un ser ideal:

Con alas invisibles en la espalda,
y en los ojos, con la luz de la aurora,
Que el seno oscuro de la noche aclara;

pero la arisca fiereza del indio, y su ser de charrúa indómito, que lucha dentro de su pecho con la suave y amorosa condición que heredó de su madre, se oponen en esta ocasión a que Blanca comprenda que el indio la quiere bien. Blanca cree que la odia y que odia a todos los cristianos.

Después hay un momento supremo en el combate interior entre las dos naturalezas de Tabaré. Va a vencer la ternura, y el charrúa, el charrúa que nunca llora, ni se queja en medio de los más horribles suplicios, se abraza al padre Esteban y vierte en su sayal una lágrima. La reacción es más violenta entonces. La vergüenza, la ira de haber incurrido en aquel acto de debilidad, deshonroso para su casta, hace que Tabaré ruja como un tigre, se desprenda del fraile y huya a la selva.

Los cantos siguientes del poema tienen el carácter de una epopeya trágica y sombría.

La carrera frenética de Tabaré cuando vuelve ya a sus nativos bosques, es de gran riqueza de imaginación. Ni falta lo sobrenatural, como en los antiguos poemas. Juan Zorrilla llama a los espíritus, a los genios elementales del mundo americano primitivo, y todos acuden a su briosa evocación. Ellos que son inmortales y conocieron y trataron la raza extinguida de los huraños charrúas, salen de sus cavernas, descienden de las nubes, se hacen visibles en el aire, y, sacudiendo las osamentas y los cráneos, hundidos

En el profundo limo
en que tienen las algas sus amores,
se arrastra el yacaré, duerme la raya,
y la tortuga sus nidadas pone,

revelan al poeta los ignorados pensamientos y sentimientos de aquellos salvajes. Es más: estos seres extrahumanos animan la naturaleza, intervienen como máquina en el poema y dan forma visible al delirio de Tabaré, errante por el bosque.

No gusto de citar, porque lo que se cita, aislado y dislocado, pierde toda la belleza que nace del acorde en que está con el resto de la composición. Afirmo, pues, sin citar casi, que todo el vagar por el bosque del indio Tabaré es enérgica poesía, y de un brío gráfico y fantástico notables, donde lo real y lo ideal, lo observado y lo soñado, se mezclan y se funden íntimamente.

> Al sentirlo pasar, las lagartijas
> hacia sus cuevas corren,
> y asoman las cabezas puntiagudas
> y el largo cuerpo sin calor encogen.
> Y las ranas se callan un instante
> mientras pasa, y sus voces,
> como largos quejidos, a su espalda,
> cuando ha pasado nuevamente se oyen.
> Y los nocturnos pájaros lo siguen
> en negras procesiones;
> el chajá dando saltos por el suelo,
> chirriando esos murciélagos enormes,
> que, como manchas de la misma sombra,
> la oscuridad recorren,
> persiguiendo los átomos, o huyendo
> atolondrados de invisible azote.
> Detrás de cada tronco acurrucada
> parece que se esconde
> alguna cosa que, al pasar el indio,
> sigue tras él con movimiento torpe.
> Él siente a sus espaldas ese mundo
> que su alma sobrecoge;
> mas no se vuelve, y apresura el paso,
> y sigue, y sigue sin saber adónde.

Al fin, Tabaré se para rendido por la fiebre, y empieza su delirio, en que todos los espíritus de la naturaleza toman activa parte.

Sigue después otro cuadro, que excede acaso en belleza al anterior. La inspiración del poeta, lejos de menguar, crece, según adelanta en su obra. Es un cuadro del más pujante naturalismo. No puede imaginarse aquelarre más espantoso que la escena real y vivida que el poeta ofrece a nuestros ojos. Ha muerto el cacique supremo de los charrúas, y éstos celebran los funerales. El sueño frío se entró por las venas del viejo cacique, y en balde los médicos le chuparon el vientre para arrancar el dardo que causaba su mal. Muerto ya, le preparan para el último viaje, embijándole horriblemente la cara con jugo de urucú para que asuste a Añang y a Macachera y a los genios del aire. Los indios danzan ebrios en torno de diez hogueras. La descripción de las mujeres es de mano maestra. Danzan y cantan las mozas: las viejas, de cuclillas, mastican entre sus mandíbulas sin dientes algo que echan en el brebaje que está fermentando: Los parientes del difunto se cortan dedos, o se arrancan pedazos de carne o túrdigas de pellejo para mostrar su pesar. Todo esto no se refiere: casi se ve. Se huele la sangre vertida; se respira el humo de las hogueras; se perciben los cuerpos desnudos; y se oyen los cantares bárbaros, los aullidos y el resonar de los pies que bailan, y el silbar de las bolas y de las flechas y el choque de las lanzas. Los indios arman brava y fantástica pelea con los hijos del aire y de la noche, con los perros que roen las lunas, y con los vestigios malditos que acuden a llevarse el espíritu del cadáver.

Como digno remate de las ceremonias fúnebres, aparece el indio Yamandú, reclamando que le eleven al cacicato supremo. Sus méritos y servicios son notables. Nadie hace muecas más diabólicas para espantar al enemigo; nadie da en la lucha alaridos más feroces. En su toldo cuelgan cien cabelleras de adalides muertos por su propia mano; su pecho está adornado con largas sartas de dientes y de muelas de los arachanes vencidos de cuya piel retorcida ha formado la cuerda de su arco.

Elegido ya o reconocido como jefe, Yamandú excita a los indios a una expedición contra los españoles. No puedo resistir a la tentación de copiar aquí parte de su discurso:

¿Queréis matar al extranjero blanco?
Seguid a Yamandú.
Yo sé matarlo como al gato bravo
de los bosques del Hum.
Los cráneos de los pálidos guerreros
al indio servirán
para beber la chicha de algarrobas
y el jugo del palmar.
Sus rayos no me ofenden, en su sangre
se hundirán nuestros pies:
Sus cabelleras en las lanzas nuestras
el viento ha de mover.
Vírgenes blancas que en los ojos tienen
hermosa claridad,
encenderán en nuestros libres valles
nuestro salvaje hogar.
En esos días de las horas largas
en que canta el sabiú,
y al pie de la barraca está el bañado
dormido en el juncal;
en esas noches en que se oye a ratos
el canto del urú,
las vírgenes esclavas del charrúa
brillarán con su luz.
Sus cuerpos son más blandos que el venado
que acaba de nacer,
y tiemblan como tiembla entre la hierba
la verde caicobé.
Sus cabellos parecen los renuevos
más tiernos del sauzal,
sus bocas se abren como el dulce fruto
que da el burucuyá.
¡Vamos! ¡Seguidme! El extranjero duerme,
¡Duerme en el Uruguay!

¡El sueño que en sus ojos se ha sentado,
no se levantará!

En efecto: Yamandú ha visto también a Blanca. Ha nacido en su pecho
una pasión muy diversa de la de Tabaré y más propia del salvaje. El ansia de
robar y gozar a Blanca y el deseo de matar a los españoles le inspiran el plan
de una sorpresa nocturna y de un asalto a la colonia de San Salvador. Los
indios caminan ya tácita y cautelosamente hacia la colonia, durante la noche,
mientras duerme la guarnición descuidada.

¿No veis entre las ramas asomarse
los temerosos rostros de los indios,
embijados de rojo, y dibujados
con trazos verdes, negros y amarillos?
Las plumas de sus frentes se confunden
con las hojas del cardo; el remolino
del viento suave, al agitar las ramas,
descubre aquí y allá rostros cobrizos.

Salen del matorral, por donde iban medio agachados, y dan ocasión para
que el poeta nos nombre a algunos.

Aquel es Ibipué. ¿Quién no conoce
al tubicú, tan fiero como listo,
que al avestruz alcanza y al venado,
y apresa entre las aguas al carpincho?
Cayá es aquel que corre entre las chircas.
Se le conoce en el profundo signo
que, con su hacha de piedra, le ha grabado
en la cabeza el arachan Siripo.
¿También tú, Guaycurú? De los cristianos
tú te dijiste servidor sumiso;
ese casco que llevas y esa adarga
de Garay los ganaste en el servicio.

Tú fuiste el mensajero de tu tribu:
Rompiste en la rodilla tu macizo
arco de ñandubay, y en tu piragua,
o a nado, en son de paz, cruzaste el río.
¿No es ésa una mujer? Es Tabolía.
Sabe arrancar la piel al enemigo,
y ya más de una de ellas ha colgado
en el movible toldo de sus hijos.
Ella no exprime el fruto del quebracho,
ni recoge en la selva para su indio
la miel del guabiyú, ni lleva el toldo,
ni entona el yaraví de triste ritmo.
Tiene en su labio el signo del guerrero;
suena en la lucha su salvaje grito,
y en el desnudo seno apoya el arco
en que viene la muerte a hacer su nido.

La expedición tiene, al principio, el éxito que Yamandú deseaba. San Salvador es sorprendido. La lucha es terrible, y bien pintada. Arden muchas casas. Los indios dan muerte a no pocos españoles; pero éstos se rehacen, y ponen en fuga a los invasores.

Yamandú logra, no obstante, su principal objeto. En medio del tumulto, de la confusión y del horror de la batalla y del incendio, roba a Blanca, y se la lleva a la selva sagrada donde tiene su guarida.

Sucédense luego la desesperada furia de don Gonzalo al saber el rapto de su hermana, su idea de que es Tabaré quien la ha robado, y su inútil persecución para libertarla. Entre tanto, Yamandú ha llevado a Blanca a lo más esquivo del bosque, donde el terror impide que penetren los otros indios, que no son payés, como él. Él es hechicero, y no teme; antes bien domina a los espectros y genios que siguen a Añanguazú.

La situación es desesperada. Blanca yace en el suelo sin sentido. Vuelve en sí, y se mira en el centro de la selva. En la oscuridad medrosa ve relucir las lascivas pupilas de Yamandú, que aguarda que vuelva ella de su desmayo.

Algo de inesperado ocurre entonces, sin que Blanca atine a darse cuenta. Oye crujido de ramas que se apartan con violencia; después pasos, después gritos ahogados, y al fin ruido como de una lucha muda y tremenda.

En suma; Tabaré ha venido en socorro de Blanca: ha caído sobre Yamandú, y ha logrado matarle, estrujándole el pescuezo entre sus dedos.

Contar, como quien escribe un índice, todos estos sucesos y el final desenlace, es destruir el efecto artístico, que pueden producir, y que, a mi ver, producen. Menester es, no obstante, llegar al final rápidamente.

Tabaré salva a Blanca, que está casi exánime y la lleva hacia la colonia.

Don Gonzalo, que sigue buscando a su hermana, ve al indio, que corre teniéndola en sus brazos, y a quien cree el raptor. Don Gonzalo ciego de ira se lanza sobre Tabaré y le atraviesa con su espada. Blanca, que comprende ya todo el amor, toda la sublime devoción del indio, se abraza estrechamente con él, moribundo; llora y le llama. Tabaré muere.

Así termina la acción de la leyenda, cuya trascendencia y elevación merecen que de epopeya la califiquemos. El poeta, como Hugo Foscolo ha dicho de Homero, aplacando con su cantar las afligidas almas de los vencidos, ha trazado con alto estilo la inevitable, la providencial desaparición de las razas, que llegan a ponerse con la civilización en indómita rebeldía. El poeta, español de raza, ensalza a los españoles vencedores, como Homero ensalzaba a los griegos; pero las lágrimas son para Tabaré. Las lágrimas son para Héctor y Príamo. No hay una sola página del poema de Juan Zorrilla que no esté impregnada de tierna y piadosa melancolía. Sobre el americanismo del poeta están aquellos sentimientos fervorosos de caridad cristiana, de amor a todos los hombres, tan propios del alma española, y que resplandecían en los misioneros, en los legisladores de Indias, y a veces, cuando la codicia o la ambición no los celaba, hasta en los mismos tremendos conquistadores, por más, que no todos fueran como don Gonzalo de Orgaz, sino forajidos y desalmados aventureros.

Lo que América debe a España es tanto o importa tanto, que el poeta, exaltado por el fervor de la sangre que lleva en sus venas, da a veces a España tales alabanzas, que, al llegar a España, tan postrada y abatida hoy, la consuelan y la sonrojan a la vez El poeta imagina que acaso cuando en edad remotísima se hundió la Atlántida, no cabiendo su inmensidad en los mares resurgió o sobrenadó en parte, formando ambas Américas, y separándose así de la parte capital que no se hundió: de España, que había sido y había de volver a ser su cabeza.

El pueblo español es, para el poeta,

> El pueblo altivo que, en la edad sin nombre,
> era el cerebro acaso
> de aquel dorso gigante y misterioso,
> ya sumergido en el abismo atlántico;
> que, no teniendo en su profundo seno
> para el coloso espacio,
> dejó asomar sobre la vasta tumba,
> miembro insepulto, el mundo americano.

Sin pretensión pedantesca, sino del modo propio de la poesía, hay y se agitan en el poema Tabaré grandes problemas de libre albedrío, predestinación, determinismo y vocación de las razas: psicología, teodicea y filosofía de la historia. Al leer el poema, se levanta el espíritu del lector a estas altas especulaciones.

Después de lo dicho hasta aquí, de sobra está añadir que me parece muy bueno el poema; y que hasta el severo Clarín ha de calificar a su autor, no de medio poeta sino de uno, y quizá de uno con colmo: colmo que no se atreverá a derribar su rasero, pasando sobre la medida.

Mi carta se va haciendo interminable; pero me asalta un escrúpulo, y aun exponiéndome a pecar de pesado, quiero discurrir sobre él, a ver si le desvanezco.

A pesar de lo que he escrito y, clamado contra el naturalismo, al fin, como soy un hombre de ahora y no de otra edad, y como las modas son contagiosas, yo, sin poderlo remediar, soy también algo naturalista.

Mi escrúpulo es, pues, sobre la verosimilitud y hasta sobre la posibilidad de Tabaré. El hechizo de la poesía le hace parecer verosímil; pero ¿pudo ser Tabaré en la realidad de la vida? Aunque hubiera nacido de madre española, ¿no se crió como un salvaje? ¿De qué suerte, por lo tanto, aun concediendo mucho a la transmisión hereditaria, nació en su alma inculta pasión tan delicada, tan pura y tan fecunda en actos de heroísmo y abnegación, como en el alma de don Quijote, después de leer todos los libros de caballerías, o como en el alma de sublime e ilustrado cortesano, o caballero más o menos andante, que ha estudiado a Platón, a León Hebreo, a Fonseca y al conde Baltasar Castiglione?

Halm, el dramaturgo austriaco, nos representa un milagro por el estilo en El hijo de las selvas; pero aquel milagro, o no es, o no parece ser tan grande. La verosimilitud de lo milagroso crece en nuestra mente, no sé por qué, en razón directa de la distancia de siglos que de lo milagroso nos separa. Y por otra parte; ni los galos eran salvajes como los charrúas, ni en el alma del galo rudo y bárbaro de Halm, aparece la pasión delicada con la espontaneidad divina que en el alma de Tabaré. La joven griega le revela el amor por medio de la palabra: le explica los misterios celestiales de su espiritual pureza. Tabaré, con solo ver a Blanca, lo adivina todo.

Esto es lo que se me antoja poco creíble. Y yo no me contento con responderme que, ya que el efecto es hermoso, debo prescindir de la realidad de la causa. No me basta exclamar: Si non é vero é ben trovato. Et quidlibet audendi no me tranquiliza. Por último: lo caótico, confuso, inefable, y para el mismo Tabaré no comprendido, de los afectos de su alma, no me resuelve la dificultad.

Solo la resuelve la teoría, expuesta ya por mí en otras ocasiones, acerca del poder revelador, religioso, suscitador de lo ideal, que ejerce la hermosura femenina.

Los clásicos griegos nos dejaron en sus fábulas los indicios de este poder de civilización repentista.

La hembra del hombre era abyecta, esclava, despreciada e inmunda. Se hace inventora de su propia beldad. Se pule, se atilda, se asea, y, añadiendo además un esfuerzo de voluntad artística e inspiradísima, crea el hechizo más grande y fascinador que cabe en los objetos materiales: crea a la mujer. Y la mujer es reina, es maga, es sibila, es profetisa desde entonces.

Su dominio sobre los hombres crudos y fieros, ya para bien, ya para mal, es desde entonces inmenso.

Yo creo en la ginecocracia o gobierno de la mujer en las edades primitivas. Dondequiera que la mujer se lava, se adorna y se pule, es reina y emperatriz de los hombres. En el país sabeo, hubo reinas; reinas hubo en Otahiti. Cuando no hay reinas, hay musas que inspiran a los poetas, sibilas que columbran y manifiestan el porvenir, Egerias que dirigen a los Numas, Onfales que hacen que Hércules hile, Dalilas que cortan los cabellos a todo Sansón, y Circes que detienen, emboban y fijan a los Ulises vagabundos.

Cuando lo trascendente, lo divino, lo inmortal y puro no ha brotado aún en el alma del hombre, la mujer, que ha encontrado su hermosura física, se lo revela todo, al revelársela. Como los rayos del Sol de primavera hacen brotar de la tierra fragantes rosas, las miradas de la mujer hacen que brote la flor de lo ideal en el alma de los hombres. Así se explica la pasión de Tabaré, y queda firme como del más evidente realismo histórico y no como ensueño vano de la poesía.

Corrobora mi creencia en este poder espiritualizante, catequizador, religioso de la mujer, ya elegantizada y bonita, merced a las artes cosméticas, al aseo y a la modesta y decente coquetería, que ha descubierto ella, un singular fenómeno que hoy se nota y que nos admira.

El refinamiento, el exceso de la civilización conduce a muchos hombres eminentes y pensadores a un extremo donde sus espíritus tocan ya por un lado con los espíritus de los salvajes: a no concebir lo infinito desconocido sino como malhechor y diabólico: como el feo

Poter che ascoso a comun danno impera;

o a negar su realidad para no tener que maldecirla o blasfemar de ella.

En esta situación, sobreviene la mujer, y produce el mismo efecto, que en el salvajismo, en la viciada y ponzoñosa quintaesencia de la cultura. Leopardi vuelve a hallar, en las donnas que celebra en sus cantos, a todas las divinidades de su Olimpo: Ingersoll, el ateo yankee, ama y adora a las ladies y misses como el trovador más rendido; Augusto Comte niega a Dios, y funda nueva religión, inspirado por la mujer, cuyo ideal modelo de pureza y de amor es la Virgen Madre; Cousin, harto de filosofar, y en su vejez, se enamora arcaica y retrospectivamente de madame de Longueville y de otras princesas y altas señoras de los tiempos de Luis XIV, y difunde su pasión amorosa en alabanzas tan tiernas, que suenan como amartelados suspiros;

Michelet cae, en los últimos años de su vida, en un dulce deliquio, en un melancólico erotismo, que vierte en sus libros sobre el amor y sobre la mujer; y Renán, descollando entre todos, llega a dar a este erotismo, idólatra o hiperdúlico, una fuerza frenética, profética y apocalíptica, que se nota en La Abadesa de Jouarre, y en el prólogo sobre todo de tan afrodisíaco drama.

Demostrado así y patente el poder milagroso de la mujer para hacer que surja o que resurja lo ideal en el alma del hombre, mis escrúpulos se disipan y la figura de Tabaré queda tan consistente y verdadera como las de los más históricos personajes.

Aplaudamos, pues, a Juan Zorrilla, sin el menor reparo, ya que ha sabido dar a luz tan amena leyenda o poema, sin apartarse un ápice de la verdad y siendo al mismo tiempo naturalista e idealista en su obra.

La poesía y la novela en el Ecuador
Julio de 1889

Al señor don Juan León Mera

I

Muy estimado señor mío: En Washington y en Nueva York conocí y traté al señor Flores, actual presidente de esa república, cuyo ameno y franco trato me ganó la voluntad, haciéndome yo desde entonces muy amigo suyo y lisonjeándome de que él también lo es mío. En Bruselas, en París y aquí en Madrid, hemos vuelto a vernos, afirmándose más la amistad que ya nos profesábamos.

Cuando el señor Flores partió de aquí para América a ocupar el alto puesto al que le han elevado sus merecimientos y la voluntad de sus conciudadanos me prometió enviarme las mejores producciones literarias de su país. Con gusto he visto que los cuidados y desvelos del gobierno y de la política no le han hecho olvidar su promesa. El señor Flores me ha enviado directamente algunos libros, y además ha excitado a usted a que me envíe sus obras, por todo lo cual debo estar y estoy muy agradecido al señor Flores.

A usted también le agradezco mucho las remesas, y sobre todo la última, que más que ninguna otra me ha interesado.

El libro de usted titulado Ojeada histórico crítica sobre la poesía en el Ecuador, contiene noticias curiosas y muestra, además, el talento de escritor que usted posee y sus ideas y opiniones sobre puntos de la mayor importancia; pero lo que más me ha agradado es Cumandá. Cumandá es una preciosa novela. Ni Cooper ni Chateaubriand han pintado mejor la vida de las selvas ni han sentido ni descrito mas poéticamente que usted la exuberante naturaleza, libre aún del reformador y caprichoso poder del hombre civilizado.

Impaciente estaba yo de hacer detenido examen de las obras de usted, y en particular de la mencionada novela, cuando leí en La Época, acreditado y juicioso periódico de esta capital, una muy grave acusación contra usted. Acusa a usted La Época de odiar a España y de haberlo probado en varias ocasiones que cita.

Luego añade: «Nuestro amigo don Juan Valera puede tomar nota de este sucedido para sus notables Cartas Americanas».

Confieso que la lectura del suelto de *La Época* me disgustó no poco. Harto sé yo que el odiar a España, aunque sea injusto, y el agraviarla, aunque es indigno y odioso, no impide que, en todo lo demás, las cosas sean como son, y no de otro modo; ni destruye el valor literario y poético de Cumandá, ni el talento y la discreción que en la Ojeada y en otras obras de usted se advierten. Sin embargo, mi gratitud hacia usted por haberme enviado los libros no podía menos de enfriarse, a ser cierto que era un enemigo de mi patria quien me los enviaba, y mis alabanzas a dichos libros, aunque fuesen alabanzas merecidas, habían de sonar mal, en mi boca y ser algo contrarias al patriotismo de que blasonamos los españoles.

No me tranquilizaba yo con parodiar a Quintana aplicando a este caso aquello de

Inglés te aborrecí, héroe te admiro:

y diciendo: repruebo la conducta y las malas pasiones de usted con respecto a España: pero no puedo menos de celebrar a usted por sus escritos.

Yo preferiría creer y hacer creer que los pecados de usted contra España no son tan grandes como *La Época* supone. Movido de este deseo voy a ver si le logro en parte, empezando por defender a usted de la acusación, hasta donde pueda, antes de hablar por extenso de sus obras literarias, si bien de sus obras literarias tengo que hablar desde un principio, ya que en ellas aspiro a encontrar demostraciones claras de que usted no aborrece a España ni a los españoles.

Antes de que la Academia Española eligiese a usted académico correspondiente, por lo cual en el suelto he citado la censura *La Época*, había usted escrito no poco en prosa y en verso, haciéndose merecedor de aquella honra; pero usted, con extraordinaria modestia, no lo consideró así y creyó que debía hacer algo que fuese testimonio de su gratitud y de que la Academia no había hecho una elección desacertada. Entonces escribió usted Cumandá y se la dedicó al director de la Academia o más bien a la Academia misma, ya que usted ruega al director que presente la obra a la

Academia, y termina diciendo: «Ojalá merezca su simpatía y benevolencia, y la mire siquiera como una florecilla extraña, hallada en el seno de ignotas selvas, y que, a fuer de extraña, tenga cabida en el inapreciable ramillete de las flores literarias de la madre patria».

En las pocas palabras del texto que copio hay una serie de afirmaciones contrarias a ese odio que a usted atribuyen. Admira usted y ensalza nuestra literatura; desea que su novela tenga cabida en ella, como florecilla extraña y selvática que se pone en inapreciable ramillete de ricas flores; y llama, por último, madre patria a esa España, a quien suponen que usted odia.

Resulta, además, que Cumandá, que es a mi ver de lo más bello que como narración en prosa se ha escrito en la América española, debe su ser al deseo de usted de mostrar a la Academia su gratitud y suficiencia; todo lo cual redunda en gloria de España y es nuevo lazo de amistad entre ella y su antigua colonia, hoy República del Ecuador.

Convengo, a pesar de lo dicho, en que no basta la prueba aducida para justificar a usted. El ánimo de todo hombre es inconsecuente y voltario. Pudo usted en aquella, ocasión ser muy hispanófilo, sin dejar de ser misohispano en otras mil ocasiones.

La cuestión, no solo por el caso singular de usted, sino por lo que tiene de general, merece ser tratada y dilucidada. Cedo, pues, al prurito de decir algo sobre ella. Esto liará sin duda que mis cartas a usted sean más en número y más extensas de lo que yo había pensado.

Espero que usted y el público tendrán la paciencia de leerlas.

Lo primero que noto es que las relaciones entre España y los americanos emancipados tienen que ser muy diversas de las relaciones entre yankees e ingleses. Entre los yankees no hay o hay apenas elemento indígena. Ora porque los indios del territorio de los Estados Unidos fuesen más rudos e incivilizables, ora porque los europeos colonos, de raza inglesa, tuviesen menos caridad y menos paciencia y arte para domesticar, ello es lo cierto que no hay entre los yankees muy numerosa población india reducida al vivir culto y político, ni hay tanto mestizo de europeo y de indio como en las que fueron posesiones españolas. De aquí que a nadie se le ocurriese ni se le pudiese ocurrir entre los yankees, cuando se sustrajeron al dominio de la Gran Bretaña, la estrafalaria idea de que aquello era algo a modo de reconquista, como cuando los egipcios echaron a los hicsos, o los españoles echaron a los moros, o los griegos del África y del Peloponeso se libertaron de los turcos.

En cambio, en casi todas las repúblicas hispanoamericanas se ha dicho, en verso y en prosa, algo de que la guerra de emancipación fue guerra de independencia y reconquista. El inca Huaina-Capac se aparece al poeta Olmedo, cuando celebra éste la Victoria de Junín sobre los españoles, y le profetiza la nueva victoria que los insurgentes han de alcanzar después en Ayacucho, como si los insurgentes fuesen indios y no españoles también, y como si tratasen de restablecer el antiguo imperio peruano y no repúblicas católicas, según el gusto y las doctrinas europeas.

De aquí nacen motivos de enojo en abundancia y dificultades a montones, que hacen el trato entre españoles e hispanoamericanos en extremo vidrioso o sujeto a quiebras. Si les decimos que son españoles como nosotros suelen picarse, porque desean ser algo distinto y nuevo, y, si no todos, muchos se pican también si los creemos indios o semiindios.

Hay, en los hispanoamericanos, aun en los más discretos y sabidos, mil injustas contradicciones.

«Las leyes de Indias —dicen— las Ordenanzas de Carlos V, las de don Fernando de Aragón y de doña Isabel la Católica eran buenas y protectoras. Desde que el Papa declaró en una bula que los hijos de América eran hombres, los reyes de España dictaron leyes para ampararlos y favorecerlos; pero burlándose de esas leyes los colonos españoles maltrataron a los indios, los azotaron, los humillaron y los hicieron trabajar hasta morir, como si fuesen acémilas, etc., etc.» Al decir esto, las americanos de ahora no advierten que ellos son los que se condenan, si no son indios puros. Los que dictaron las leyes protectoras estaban aquí, y por aquí se han quedado; pero los verdugos codiciosos y empedernidos de los indios, lo probable es que, salvo raras excepciones, se quedasen todos por allá, y que esos antiespañoles, declamadores acerbos por pura filantropía, no sean otros sino sus descendientes.

Tiene mucha gracia la disculpa a que acuden ustedes para explicar lo poco que han hecho por los indios en los sesenta o setenta años que llevan de independencia. «Hemos abolido las mitas —dicen ustedes—, hemos suprimido el tributo personal y hemos desechado el azote.» Pero ¿se debe esto a la independencia, o al progreso de la cultura y de la moralidad entre todos los pueblos cristianos? ¿Es posible que alguien crea de buena fe que si el Ecuador y Colombia fuesen hoy aún colonias españolas habría allí mitas, tributo personal, servidumbre y azotes?

Independiente la que fue América española, lo mismo que si no fuese aún independiente, ya no puede haber ni hay esclavitud en ella. Los indios son libertos de la ley. Pero añade su ilustre compatriota de usted Juan Montalvo, a quien me complazco en citar, «son esclavos del abuso y de la costumbre». Enseguida describe elocuentemente los malos tratos y las faenas a que someten aún al indio en el Ecuador, y acaba por exclamar: «Si mi pluma tuviese don de lágrimas, yo escribiría, un libro titulado El Indio, y haría llorar al mundo».

Y esto lo dice Juan Montalvo más de medio siglo después de que ese indio y el inca Huaina Capac triunfaron en Ayacucho de los pícaros españoles. Los españoles, no obstante, siguen teniendo la culpa de todo, aunque vencidos. Juan Montalvo lo declara: «No —dice—; nosotros no hemos hecho este ser humillado, estropeado moralmente, abandonado de Dios y de la suerte: los españoles nos le dejaron hecho y derecho, como es y como será por los siglos de los siglos».

Lo absurdo de este sofista declamador no merecería respuesta, si no estuviese algo del mismo sentimiento en la masa de la sangre de no pocos hispanoamericanos, que así escupen contra el cielo y les cae encima: porque si son indios de sangre se declaran humillados, moralmente estropeados y abandonados de Dios por los siglos de los siglos: y si son españoles, reos de la muerte moral y de la condenación perpetua o irremediable de millones de seres humanos; y si son mestizos, son abominable amalgama de español y de indio, de la raza degradada y del cruel y tiránico verdugo que acertó a degradarla para siempre.

Juan Montalvo dijo su frase, por decir una frase, sin saber lo que decía. No la hubiera dicho si la hubiera reflexionado: pero Juan Montalvo, y otros como él, y a veces usted entre ellos, por obra y gracia de su americanismo, creen otra cosa que los predispone contra nosotros, y, cuando creen ustedes esta cosa, es cuando apunta el odio contra España de que *La Época* acusaba a usted.

Creen ustedes y sostienen que América, en el momento en que los españoles la descubrieron, estaba progresando con plena autonomía, y próxima a crear y a difundir una magnífica civilización original y propia, cuyos focos principales estaban en los imperios de México y del Perú y entre los chibchas de Nueva Granada: pero la llegada de los feroces españoles detuvo el desarrollo de esa civilización y ahogó en sangre y destruyó con fuego sus gérmenes todos.

No hay que buscar este pensamiento en otros autores. Usted le expresa a menudo. Todo iba muy bien por ahí. La conquista de Tupac Yupanqui había civilizado el reino de Quito. Los aravicos, o sea los poetas en lengua quichua, pululaban ahí lo mismo que en el Cuzco. La lengua quichua era un prodigio, un simbólico tesoro de misteriosas filosofías. Solo el vocablo Pachacamac, con que en lengua quichua se designa a Dios, contiene sutil y profunda teodicea que el mero análisis gramatical descubre. Esta lengua había llegado a la perfección antes de la venida de los españoles. Según usted «se prestaba a la entonación de la oda heroica, a las vehementes estrofas del himno sacro, a la variedad de la poesía descriptiva, a los arranques del amor, a toda necesidad, a todo carácter y condición de metro, desde el festivo y punzante epigrama hasta el grave y dilatado género de la escena». Claro está, pues, que los indios hasta literatura dramática tenían, y que el teatro era una de las más nobles diversiones de la corte de los incas.

El florecimiento literario y el desenvolvimiento intelectual eran, pues, notables entre los peruanos y quiteños: pero llegaron los españoles y aquello fue el acabose. Apenas quedó rastro de nada. «El poder exterminador de la conquista —exclama usted—, arrancó de raíz el genio poético de los indios, y en su lugar hizo surgir de los abismos el espectáculo de la desolación y del espanto. El numen de la armonía no pudo vivir entre los vicios y la depravación de la gente española.»

Infiérese de aquí que, no contentos los españoles con destruir la civilización indígena americana, despojaron a los indios de su inocencia y los pervirtieron. Esta mentida y decantada inocencia de América, que celebra Quintana en una de sus mejores odas, me trae a la memoria un terrible pasaje de la Crónica del Perú de Pedro de Cieza, que presenta Leopardi en apoyo de su negro pesimismo y desesperada misantropía. «Los caciques de este valle de Nore –dice– buscaban por las tierras de sus enemigos todas las mujeres que podían; las cuales, traídas a sus casas, usaban con ellas como con las suyas propias, y si se empreñaban de ellos, los hijos que nacían los criaban con mucho regalo hasta que cumplían doce o trece años: y desde esta edad, estando bien gordos, los comían con gran sabor, etc.» Y añade después: «Háceme tener por cierto lo que digo ver lo que pasó con el licenciado Juan de Vadillo (que en este año está en España, y si le preguntan lo que digo dirá ser verdad), y es que la primera vez que entraron cristianos españoles en estos valles, que fuimos yo y mis compañeros, vino de paz un señorete que había por nombre Nabonuco y traía consigo tres mujeres; y viniendo la noche, las dos de ellas se echaron a la larga encima de un tapete o estera y la otra atravesada para servir de almohada, y el indio se echó encima de los cuerpos de ellas muy tendido, y tomó de la mano otra mujer hermosa».

...Y como el licenciado Juan de Vadillo le viese de aquella suerte, preguntole que para qué había traído aquella mujer que tenía de la mano; y mirándole al rostro el indio, respondió mansamente que para comerla...

...Vadillo, oído esto, mostrando espantarse, le dijo:

—¿Pues cómo siendo tu mujer has de comerla?

El cacique, alzando la voz, tornó a responder diciendo:

—Mira, mira, y aun el hijo que pariere tengo también de comer.

Supo además Vadillo, por dicho de indios viejos, que «cuando los naturales de aquel valle iban a la guerra, a los indios que prendían hacían sus esclavos, a los cuales casaban con sus parientas y vecinas, y los hijos que habían en ellas aquellos esclavos los comían; y que después que los mismos esclavos eran muy viejos, y sin potencia para engendrar, los comían también a ellos». Verdad es que Cieza explica con cierto candor la inocencia de estos indios antropófagos, ya que el serlo «más lo tenían por valentía que por pecado».

Sin declamación ni sentimentalismo, aun suponiendo al español de entonces, y sobre todo al aventurero que iba a América, vicioso, depravadísimo, ignorante y cruel, todavía queda el peor de estos españoles muy por bajo de los indios salvajes o semisalvajes, en vicios, depravación, crueldad e ignorancia.

No es posible, por devastadores y malvados y fanáticos que supongamos a los españoles del tiempo de la conquista, que hiciesen desaparecer de la tierra americana y del alma y de la memoria de los indios todos los primores de su civilización, si en alguna parte los hubo.

Para México no deja usted de traer a cuento el auto de fe que de muchos manuscritos o pinturas simbólicas hizo el arzobispo don Juan de Zumárraga; pero ni ahí, ni en el Perú, hubo ni Zumárraga ni Ornar que incendiase las bibliotecas, y sin embargo, ¿dónde están las odas, los dramas, las filosofías y las teologías que del Perú y del primitivo reino de Quito nos han conservado los doctos? Solo cita usted una composición poética quichua sin atreverse a decir terminantemente que sea anterior a la venida de los españoles. Sin duda la compuso algún indio ya algo civilizado, a imitación de los versos de Castilla. Dice usted que es una poesía sencilla y graciosa que nos da idea de la genuina poesía de los antiguos indios. La poesía es breve, y ya es una ventaja. Consta de 76 sílabas, o sea de 19 versos de a 4. Tres versos acaban en munqui y dos en sunqui, y un verso entero es cunuñunum, por el cual se puede presumir lo melodioso de los otros.

Los tales versos son la única reliquia que ostenta usted de la genuina civilización de esas tierras, donde no solo había aravicos o poetas, sino también amautas o sabios y filósofos.

Las coplas que trae usted además en lengua quichua, y la lamentación sobre la muerte de Atahualpa son ya de nuestro tiempo: obra de los amautas y aravicos, que no se sepultaron como se sepultaron los más de ellos, «por no ver —como usted dice—, las atrocidades de los blancos».

En suma, si fuésemos a dar crédito a los primeros capítulos de la Ojeada de usted, España no llevó a América la civilización y la ley de gracia, sino la barbarie y todos los vicios. Nosotros empujamos a esa sociedad «en el abismo de tinieblas y de males, del cual la habían sacado la inteligencia, el raro tino político y la gran fuerza de voluntad de los incas»; lanzamos sobre América «una tempestad de vicios y crímenes»; y tratamos de aniquilar en todas partes «los elementos de vida intelectual», o hicimos «desaparecer la cultura de los indios entre el humo y los vapores de la matanza».

Todo esto lo decía usted en 1868. Si después no hubiera usted modificado sus opiniones, *La Época* tendría razón en la advertencia que me hizo: usted odiaría a los españoles, y no sin fundamento, aunque erróneo.

Desde 1868, usted ha cambiado mucho, como ya se verá. Por otra parte, aunque usted no hubiera cambiado, Cumandá no dejaría de ser una preciosa novela.

Antes, sin embargo, de hablar de Cumandá, quiero yo decir a usted algunas razones más para ver si desarraigo de su espíritu los restos que aún queden en él de ese fundamento erróneo que le movió a odiarnos como nación. Lo que es individualmente, yo calculo que no nos quiere usted mal, y por mi parte le estimo y aun me inclino a ser amigo de usted, a pesar de los errores, que supongo pasados.

II

Muy estimado señor mío: Cada cual tiene su teoría para explicar la historia. Yo tengo la mía, que ni es nueva, ni inventada por mí, ni yo pretendo hacer que usted la acepte, si es que usted piensa de otro modo. Solo voy a exponerla aquí en breves palabras para sentar la base en que se apoya lo que yo pienso sobre el soñado progreso y creciente civilización de los indios de América cuando llegaron por ahí los españoles.

Dejo a un lado las arduas y profundas cuestiones, que tanto se rozan con las doctrinas religiosas, de si hubo o no revelación primitiva, de si el linaje humano proviene todo de una pareja o de muchas y de si apareció a la vez en varias regiones del globo o en una sola, Tomemos el asunto menos ab ovo, y harto podemos afirmar sin que nadie se escandalice que el hombre, o bien por olvido de la primitiva revelación y de la cultura que de ella había nacido, o bien sin necesidad de olvidarlas, porque no las había tenido jamás, empezó en todos los países por el estado salvaje, o cayó o recayó en él por motivos diversos difíciles de explicar.

Dicho estado, pues, ya inicial, ya por decadencia y corrupción, no coincide ni ha coincidido nunca en todos los países. Aun en el día, a pesar de los cómodos y rápidos medios de comunicación, hay salvajes en el centro de África y en algunas islas del mar del Sur y en varios lugares de América, mientras por acá gozamos de electricidad, vapor, fotografía, submarino peral, torre Eiffel y novelas naturalistas.

Las diversas tribus y castas de hombres que viven en el mundo han ido siempre, en su marcha ascendente hacia la cultura, adelantadas unas y atrasadas otras. Los pueblos del Mediodía de Europa llevaban la delantera desde hace veinticinco siglos. Después, según dicen, los meridionales de Europa hemos decaído y nos hemos rezagado; pero sigue en Europa, y es ya casi indudable que seguirá por largo tiempo, el estandarte o guión de la cultura, que hoy tienen entre manos franceses, alemanes o ingleses, y que tal vez aspiran a levantar también en alto los rusos.

Como quiera que sea, y ora prevalezca una nación, ora otra, es evidente que la civilización de Europa prevalece, se difunde por el resto del mundo y le domina todo. La América de hoy, en lo humano y en lo culto, no es más que una parte de esta Europa transportada a ese nuevo y vasto continente. Hoy la civilización americana es una prolongación de la civilización europea. España, Portugal, Inglaterra y Francia han llevado ahí sus idiomas, sus ciencias, sus artes y su industria.

Posible es que con el andar de los siglos, y en virtud del medioambiente y de la mezcla de la sangre de los europeos con la sangre de los indios y hasta de los negros importados de África venga a resultar ahí algo extraño, nuevo, muy distinto, tal vez superior a lo de Europa; pero si esto ocurre me parece que tardará mucho en ocurrir, y por lo pronto, esto es, durante doscientos o trescientos años (y fijo tan corto plazo porque el mundo va deprisa), seguirán ustedes siendo europeos transplantados, y sus repúblicas, con relación a los Estados de Europa, a modo de mugrones, lo cual no es negar que cada uno de estos mugrones llegue a ser o ya sea vid más lozana, robusta y fructífera que la vieja cepa de que brotó.

Lo que yo sostengo es que ni el salvajismo de las tribus indígenas en general, ni la semicultura o semibarbarie de peruanos, aztecas y chibchas, añadió nada a esa civilización que ahí llevamos y que ustedes mantienen y quizá mejoran y magnifican. Y aunque lo anterior al descubrimiento de América sea muy curioso de averiguar y muy ameno de saber, importa poco y entra por punto menos que nada en el acervo común de la riqueza científica, política, literaria y artística de ustedes, heredada de nosotros y acrecentada por el trabajo de ustedes, y no por ningún legado o donativo de los indios.

Pero, ¿qué donativo podían los indios hacer si nosotros destruimos con mano airada cuanto podía constituir el donativo? Ésta es la tremenda acusación que ustedes nos hacen o más bien que ustedes se hacen, pues sin duda ustedes son los más directos descendientes de aquellos feroces españoles que fueron a destruir civilización tan donosa.

Un ilustre cubano, don Rafael Merchán, que vive en Bogotá ahora, se extrema más que usted en esta acusación. Todo iba por ahí divinamente. Acaso habían sido Manco-Capac y Bochica más sabios que Sócrates y que Aristóteles. Acaso, si no llegamos ahí los españoles, los indios se perfeccionan, nos cogen la delantera, y son ellos los que vienen a Europa a civilizarnos. Si Colón, Cortés y Pizarro no van a América en los siglos XV y XVI, es probable que en el XVII los emperadores aztecas o los incas nos hubieran enviado navegantes y conquistadores que hubieran descubierto, conquistado y civilizado la Europa allá a su modo.

Por fortuna, los españoles madrugamos, fuimos por ahí antes de que los indios despertasen y viniesen, y dimos al traste con todo. «Todo pereció —dice el señor Merchan— razas, monumentos, libros, ídolos, cultos, ciencias, todo quedó destruido.»

El señor Merchán dice, y dice bien, que «los seres inteligentes, aunque no nos conozcamos y vivamos en regiones distintas, realizamos un pensamiento común y contribuimos a una grande obra. Pero los españoles fuimos por ahí y arrancamos medio mundo a esa elaboración universal. Y no contentos con arruinar la civilización americana quisimos borrar y borramos hasta la memoria de ella, arrasando los monumentos más apreciables y convirtiendo ese continente en una inmensa tumba de razas que tenían tanto que decirnos».

Todo esto es una serie de suposiciones gratuitas del señor Merchán. Las razas indígenas de América no han perecido. Hoy acaso existen más indios en México y en el Perú que los que había cuando la conquista; y si no hay más indios en el Paraguay, es por las guerras recientes que les han hecho los brasileños y argentinos. Todo cuanto los indios tenían que decirnos nos lo han dicho. Y si hoy Liborio Zerda, Antonio Bachiller y Morales y otros americanistas lo exponen, no faltaron, desde los primeros días del establecimiento de los españoles, sabios curiosos, misioneros llenos de caridad y de indulgencia y escritores sinceros que lo expusiesen con amor, más bien ponderando las virtudes y excelencias de los indios que denigrándolos.

En suma, la historia de América, antes de Colón, es bastante oscura, mas no por culpa de los españoles, y lo que de esa historia se sabe más induce a creer lo contrario de lo que usted, el señor Merchán y el señor Montalvo, insinúan o medio sostienen a veces.

En vez de ese progreso que ustedes imaginan, los indios seguían en decadencia.

Acaso si se retarda un siglo la llegada de los españoles, los imperios azteca, peruano y chibcha hubieran desaparecido, como ya habían desaparecido en América otras semicivilizaciones, y acaso no hubieran hallado Pizarro, Cortés y Jiménez de Quesada, más que salvajes antropófagos, adoradores del diablo como los patagones y borinqueños, no sabiendo contar más que hasta diez, y tatuados o pintados con espantosos dibujos o untados con grasas rancias y apestosas, en vez de andar vestidos.

Indudablemente el salvajismo de los americanos de antes de la conquista europea, así como la semibarbarie de varios pueblos del Nuevo Mundo y de Asia y de África, antes de ponerse en contacto con Europa, no indican que había o hay ahí razas nuevas, que por sí solas puedan elevarse o que están o estuvieron en vía de elevarse a la civilización, sino más bien dan claro y triste indicio de razas antiguas, decaídas o degradadas, que han perdido su civilización, si la tuvieron. De esas razas se puede afirmar lo que el señor Pi y Margall, citado por el propio señor Merchán, afirma de los guatemaltecos, al fijarse en los monumentos suntuosos y artísticos de Palenque y de Mitla: «Lejos de admitir −dice− que sean jóvenes aquellos pueblos, estoy por sospechar con Humboldt que estaban en decadencia a la llegada de los españoles y que habían perdido la memoria de lo que un tiempo fueron. Ignoraban hasta la existencia de esos grandiosos restos de una civilización pasada». De esta civilización pasada o remota de los pueblos de América, cuando llegaron los españoles, quedaban recuerdos o restos, que es casi seguro que hubieran desaparecido también si no acude a tiempo aún la civilización europea a regenerar al salvaje o al semisalvaje americano.

El guerrero español de la conquista sería cruel, codicioso, sin entrañas, todo lo malo que se quiera, con tal de que no se suponga, sin justicia alguna, que hubieran sido o que fueron más suaves y benignos los alemanes o los ingleses; pero no fueron españoles los que imaginaron que eran los indios de una raza inferior. Los españoles creyeron siempre que los indios eran sus hermanos, extraviados y decaídos, a quienes convenía traer al buen camino y levantar de su abatimiento y miseria.

Los resultados dan testimonio de lo que digo. ¿Dónde están los indios civilizados por los yankees y convertidos en ciudadanos de la Gran República? Y en cambio, ¿no están Colombia, el Ecuador, Venezuela, México y Guatemala, llenas de indios o de mestizos, que son tan ciudadanos como los españoles de pura sangre? ¿No llegan esos indios o esos mestizos a ser cuanto se puede ser en las sociedades libres? ¿Cómo comparar el espíritu democrático-católico de los españoles con la soberbia de la raza inglesa?

Francamente, el escritor hispanoamericano que, como usted nos trata tan mal y nos acusa de tantas maldades, si es español de pura sangre agravia y calumnia a sus antepasados, y si es indio puro, muestra la más negra ingratitud a los que le salvaron y regeneraron, y si es mestizo, reniega de la sangre española que puede tener en las venas, y hace creer que su sangre india se caldea más con el ardor de la envidia rencorosa que con el santo fuego de la gratitud.

Si a esto se arrojase el escritor hispanoamericano para sostener la verdad, yo no se lo echaría en cara. La verdad antes que todo, por amarga que sea. Pero, ¿dónde está el fundamento de verdad de las cosas que usted afirma? Basta enunciarlas, sin contradecirlas, para que ellas mismas se refuten y manifiesten lo absurdas que son. Nosotros analizamos al indio; destruimos los monumentos levantados por su genio sencillo y espiritual; borramos sus tradiciones históricas, y pusimos un abismo de ignorancia entre el siglo de Huaina Capac y Atahualpa y los siglos de los despóticos virreyes españoles. En fin, nosotros matamos la literatura quichua, salvo las coplitas que usted nos presenta, y que por mi parte no lamentaría mucho que se hubieran también perdido; e hicimos que los sabios indios que asesinamos se llevasen a la otra vida multitud de secretos admirables, con los cuales se hubiera enriquecido y ufanado hoy la ciencia.

En fin, en su Ojeada o historia literaria del Ecuador, usted fantasea y finge una civilización americana que nosotros destruimos. Nuestra llegada fue como la irrupción de Alarico, de los vándalos o de Atila, en lo más culto y brillante de Italia. Los indios, que estaban tan ilustrados, fueron arrojados por nosotros al ínfimo grado de ignorancia, y ahí sobrevino la caliginosa oscuridad intelectual que hubo en Europa en los siglos medios. Todo el saber, perseguido por los españoles, se fue a refugiar en los colegios de los padres jesuitas y en otros conventos de frailes.

Aseguro a usted que yo, a no haber sido provocado por *La Época*, no entraría con usted en estas discusiones. Mi intento, al escribir estas cartas, no es suscitar polémicas con los hispanoamericanos, sino reanudar, hasta donde sea posible, las amistades que deben durar entre todos los hombres de sangre y de lengua españolas. Para ello no quiero adular a ustedes, sino dar a conocer en esta península los mejores frutos de su ingenio, juzgándolos con justicia.

La Revue Britannique me hace el honor de hablar amablemente de estas cartas mías en uno de sus últimos números, elogiándome sobre todo por cierta habilidad diplomática de que por completo carezco. Se vale de rodeos y perífrasis, pero sostiene en realidad que yo elogio a ustedes demasiado, que los adulo para que se reconozcan ustedes españoles de origen y para que, encantados ustedes por mí, de nuevo fraternicemos.

Tiene razón la dicha revista en que yo busco esta fraternidad, pero ni adulo a ustedes ni los encantuso para lograrlo y menos aun para sustraer a ustedes al influjo de Francia. Yo afirmo, porque lo creo, que son ustedes españoles, porque son de nuestra raza, porque hablan nuestro idioma, porque la civilización de ahí fue llevada ahí por España, sin que cuente por nada la civilización india, chibcha o caribe; pero jamás pensé yo en robar a Francia su influjo en esas repúblicas, ni siquiera en censurar que ustedes se sometan a él en lo que tiene de bueno. Yo reconozco que España misma, por desgracia, está muy rezagada con respecto a Francia. Yo creo que Francia es una de las naciones más inteligentes del mundo, y la considero a la cabeza de los pueblos del Mediodía de Europa que hablan idiomas que provienen del latín. Soy tan dócil y transigente, que por más que me choque, soy capaz de aceptar la calificación genérica de pueblos latinos; pero no acierto a desechar, ni aquí en España, ni en las que fueron sus colonias, la especial calificación de españoles. Y deseo y espero que nuestra sangre tenga ahí y conserve la suficiente virtud y fuerza informante, digámoslo así, para preponderar en las mezclas con la sangre de los indígenas, y también con la sangre de otros pueblos de Europa, que la corriente de la emigración lleve a esas regiones.

Dice la revista, a que me refiero, que el vicepresidente de la República Argentina, señor Pellegrini, ha desmentido mis asertos en un discurso que pronunció en París, y que copia. Yo veo lo contrario; que el señor Pellegrini está de acuerdo conmigo. Aunque lleva un apellido italiano, ya se considera de casta española por el hecho de ser argentino; así lo afirmó en otro discurso que pronunció en Madrid; y si reconoce la hegemonía intelectual de Francia, ¿hace más por dicha, lleva a mayor extremo su entusiasmo, que el señor Castelar, a quien nadie acusa de renegar de su españolismo, en un artículo elocuentísimo publicado en el Fígaro hace pocos días?

En suma, yo no he de formar contra usted, ni contra ningún escritor hispanoamericano, capítulo de culpas, porque sea demasiado entusiasta de Francia, porque celebre la violenta separación de ustedes y de la metrópoli, y porque cante en todos los tonos los triunfos de los insurgentes y las derrotas de los realistas; pero francamente, no se puede tolerar en silencio que afirmen ustedes que llevó España ahí la barbarie, que destruyó el saber indígena, y que (son palabras de usted) «el célebre Colón mostró la manera de atravesar el océano, mas no la de trasladar a esas regiones las simientes de la civilización y las producciones de las grandes inteligencias».

Ya veremos, y con esto responderé a usted y a *La Época*, de qué suerte usted mismo, con dichosa y honrada contradicción, viene en sus libros a probar lo contrario: la acción civilizadora, la caridad ferviente, y la bondad de los elementos de cultura, importados en América por los hombres de nuestra raza.

III

Descartando de su Ojeada de usted toda la soñada civilización india y todo el enojo de usted contra España y tal vez sus remordimientos como de origen español por haber destruido tamaña preciosidad, vuelvo a la creencia del vulgo y me represento a los primitivos aventureros colonos llegando a un país de salvajes o de semisalvajes luchando contra una naturaleza poderosa e inculta y tratando de fundar ahí y fundando colonias europeas.

En este supuesto, y siguiendo la Ojeada de usted, y resumiéndola mucho, hemos de confesar que no lo hicieron tan mal los aventureros españoles y que llevaron ahí los animales y las plantas útiles de Europa, y la agricultura y la industria, y la religión y la moral cristianas; que fundaron ciudades y que crearon para la civilización un Nuevo Mundo, que si llega un día a competir con el antiguo y a no ser inferior a la parte de él que colonizó la raza inglesa, nos dará satisfacción y gloria a los españoles peninsulares, los cuales por el lado filantrópico, o dígase humanitario, hemos hecho más que los ingleses, ya que hemos civilizado a algunos indios y hemos procurado civilizarlos a todos hasta donde nosotros lo estábamos. Mas no podíamos dar, porque nemo dat quod in se non habet.

Bajo la dominación de España hubo un clero en el Ecuador, el cual (usted lo confiesa) «se dedicó al cultivo de la inteligencia, puso en acción el habla y las razones para reducirla más a la fe, tocó los resortes de la conciencia, despertó los instintos de moralidad y acertó a consolar grandes pesares». No contentos con esto, el gobierno y el clero de España fundaron allí buenas escuelas y ricas bibliotecas, donde, según usted afirma, «había preciosísimos manuscritos en todo ramo de literatura y aun sobre ciencias», lamentando usted que, después de declararse el Ecuador independiente, todo esto se haya tirado, se haya perdido o se haya vendido a extranjeros, en vez de haberlo cuidado y aumentado. «Rubor nos causa decirlo —añade usted—, porque no quisiéramos pasar por bárbaros; pero solo en el Ecuador se ha visto gobierno que en vez de enriquecer un establecimiento de tal naturaleza, la biblioteca pública, la haya despojado de objetos que en otras naciones se hubieran conservado con veneración.»

Peor aun que con la biblioteca pública (que fue la de los padres jesuitas) se condujeron ustedes, ya independientes, con las bibliotecas de otros conventos. «Ni los gobiernos ni los prelados —dice usted—, han tomado interés en que tales depósitos del saber humano se mejoren o se conserven.» Centenares de volúmenes se han vendido a real, sin duda para envolver alcaravea.

Para que vea usted cuán imparcial y desapasionado soy, yo creo que usted exagera las pérdidas y la feroz destrucción de la literatura y de la ciencia coloniales por los ya libres ecuatorianos, como exageró antes la destrucción de la ciencia y de la literatura quichuas por sus conquistadores.

La verdad debe de ser que en esa naciente colonia, tan remota, no pudo haber muy notables producciones literarias, durante el siglo XVI, cuando la colonia materialmente se establecía; ni tampoco en el siglo XVII, durante el cual la misma metrópoli estaba en decadencia y bastante inficionada por el culteranismo y por el fanatismo. Lástima es, con todo, que se hayan perdido escritos históricos, y algunos versos culteranos, como los de la poetisa quiteña doña Jerónima Velasco, a quien Lope eleva a las estrellas, en el Laurel de Apolo; la llama divina, y la coloca sobre Erina y Safo. Algo había de valer esta doña Jerónima, a pesar de la sabida prodigalidad de Lope en las alabanzas.

Por lo demás, la poesía ecuatoriana del siglo XVII era extremadamente gongorina; y los poetas, jesuitas o discípulos de jesuitas. El Ramillete de varias flores poéticas, publicado en Madrid en 1676 por el guayaquileño Jacinto Eria, nos da muestras de todo lo dicho, bastantes para consolarnos de que otras flores del mismo suelo y condición cayesen en el río del olvido y se perdieran, arrebatadas por la corriente, sin llegar a formar ramilletes nuevos.

Restaurado después el buen gusto, ya a mediados del siglo XVIII, empieza verdaderamente a florecer la literatura en el Ecuador. Sus más hábiles y dichosos cultivadores fueron aun los padres jesuitas, cuya tiránica expulsión de todos los dominios de España fue un mal grande para el Ecuador. Sacó de ahí el más fructífero centro de cultura y perjudicó mucho a las florecientes misiones en que los padres atraían a los indios a la vida pacífica y cristiana, a la agricultura y a la civilización. Aquellos jesuitas ecuatorianos fueron, como los españoles de la península, a refugiarse en Italia, y en Italia dieron también claro testimonio de su saber y su ingenio.

Sería adulación suponer que descolló entre estos jesuitas ecuatorianos ninguno de aquellos varones portentosos que se llaman genios; pero, ¿cómo negar que hubo hombres de talento no común, no indignos compañeros de nuestros Islas, Hervás, Andrés y Lampillas, y que en Italia mostraron la ilustración que tuvo y difundió la Compañía, así en la península como en sus más distantes colonias? El país en que se habían formado hombres como los padres Velasco, Aguirre, Rebolledo, Garrido, Andrade, Crespo, Arteta, Larrea, Viescas y Ullauri, era sin duda un país donde las letras se cultivaban con éxito y con esmero. Las poesías en castellano, en italiano y en latín, de estos expatriados jesuitas, son muy estimables. En mi sentir, usted se muestra con ellas más severo que indulgente. Entre los expulsados jesuitas ecuatorianos hubo también naturalistas, eruditos e historiadores. El padre Juan de Velasco, por ejemplo, nos ha dejado una interesante Historia del Reino de Quito.

A pesar de la expulsión de los jesuitas, no se amortiguó ahí la antorcha del saber. Bien merece llamarse ilustrado en las colonias el gobierno de Carlos III y de sus sucesores hasta el momento en que se proclamó la independencia. La más brillante demostración de tal verdad la dieron los mismos eminentes americanos que tanto honraron a su patria en las Cortes de Cádiz, que pelearon por la independencia y que la cantaron en hermosos e inmortales versos. Sucre, Bolívar, Olmedo, Bello y muchos otros, bajo el régimen colonial habían sido educados.

Olmedo es el más notable de los poetas hispanoamericanos lírico-heroicos. Merecidos son los elogios que usted le tributa. Nada puedo añadir ni nada quiero rebajar tampoco. Mi querido amigo don Manuel Cañete ha escrito un hermoso estudio sobre Olmedo, y usted reconoce que no le escatima los aplausos y que le perdona la dureza con que a veces nos trata, por la hermosura de la dicción y por la sublimidad poética y por la pasión de patriotismo exclusivo que al vate inspiraba entonces.

Si yo procediese con enojo, y no con afecto, diría ahora: ¿Cómo fue que desde que ustedes sacudieron el pesado yugo de España (no hablamos aquí de ciencias, pues me limito a hablar de la poesía de que habla la Ojeada) apenas han tenido ustedes un buen poeta? La Ojeada llega, creo, hasta 1868, y hasta entonces no cita usted autor de versos que se eleve sobre el nivel de la medianía.

Casi todos los poetas son doctores: el doctor Riofrío, el doctor Carvajal, el doctor Corral, el doctor Cordero, el doctor Castro, el doctor Avilez, el doctor Córdoba. A todos estos doctores, y a otros que no lo son, los iguala usted en el tocar o pulsar la lira. A todos, al ponerlos usted en su Ojeada, los pone en berlina, con delectación morosa, examinando sus composiciones y dejándolas harto mal paradas.

Me admiro de la crueldad de usted, tal vez indispensable. En pradera regada por una mala pero fecundante fuente Hipocrene, donde crecen con viciosa lozanía tantas yerbas inútiles o nocivas, que tal vez ahogan el trigo y las bellas flores que pudieran granar, o abrirse y ofrecer alimento o aroma, me le figuro a usted armado de terrible almocafre, escardando cuanto hay que escardar sin reparo y sin lástima.

¿Qué estragos no hace su almocafre de usted en esa Lira ecuatoriana, jardín de selectas plantas reunidas por otro doctor, el doctor Molestina? El verdadero molesto ha sido usted, y no él. Usted declara que el desventurado doctor Molestina no anduvo feliz en la elección de las piezas: maldice la abundancia; asegura que se contentaría con diez composiciones dictadas por las musas, y exclama, por último, «cargue el demonio con todo lo demás, que acaso es obra suya».

Pero hablando con mayor seriedad, usted no es molesto sino al doctor Molestina y a los poetas que usted severamente censura. Su Ojeada de usted está llena de excelentes consejos, de gracia, de discreción y de muy sana crítica. La pintura que hace usted de los vicios de la poesía en el Ecuador y en toda la América meridional es tan atinada y viva que no parece sino que puede aplicarse a los malos poetas que también abundan por aquí. La diferencia está en que aquí, salvo cuando la apasionada enemistad mueve la pluma, nadie critica a mi ver con la crudeza que usted critica. Tal vez suponemos que lo malo morirá de muerte natural, sin que el crítico lo mate. Tal vez templa aquí el rigor crítico la consideración que tan chistosamente aduce usted de que el poeta dice sus inmortales y maravillosos versos, inspirado por el Dios, de suerte, que cuando el Dios no le inspira, suele decir vulgaridades o desatinos, y así, es menester sufrir éstos para que salgan aquéllos a relucir, pues el poeta mismo ignora cuándo le inspira el Dios, cuando no le inspira nadie, o cuando le inspira y le empetaca, el diablo. En apoyo de esto cita usted, con oportunidad ingeniosa, ciertas elocuentes razones de Platón, y el ejemplo que Platón ofrece de un detestable poeta, llamado Tinico de Calcis, el cual acertó a hacer una magnífica oda. Lo singular es que usted después de traer tales argumentos en favor de la indulgencia, maldito el caso que de ellos hace, y sin considerar que los Tinicos de por ahí acaso escriban alguna otra oda tan magnífica o más que la del de Calcis, me los pone de vuelta y media por las malas odas que ya han escrito.

Apenas hay género de poesía lírica cuyos defectos no marque usted con juicio. Las políticas son artículos de fondo rimados, en lenguaje gacetero: «son arengas demagógicas, valentonadas quijotescas, exabruptos delirantes, disertaciones flemáticas o exposiciones de proyectos maravillosos para el futuro engrandecimiento del pueblo». Para aparentar que hay en ello poesía afirma usted que los autores ponen en sus coplas muchas interrogaciones e interjecciones, puntos suspensivos, ridículas hipérboles e insultos desaforados.

En la poesía amatoria aún halla usted más feos lunares. Por lo común, el poeta que ya ha obtenido favores de una dama, o por celoso o por hastiado, la harta de desvergüenzas o expresa con abominable encarecimiento El bien pasado y la ilusión perdida.

Es graciosa esta cita de usted: es de un autor que ha dado a luz un tomo titulado Tristezas del alma, y habla del último beso dado a su querida:

> Beso postrero... sudario
> de la ilusión del primero,
> vago, triste, lastimero
> como el ay de la orfandad:
> última flor arrancada
> al árbol de los amores,
> horrorosa campanada
> que suena en la eternidad.

Y usted añade con razón: «En materia de besos, bastantes disparates han dicho otros poetas; pero no hemos visto ni tenemos noticia de que ninguno haya llegado al extremo del autor de estos versos».

Mucha culpa de semejante disparatar la tiene, según usted, «el prurito de mostrarse descontento de la propia suerte, de lamentarse de males que no se sabe dónde están, de pintar una tristeza que está bien lejos del corazón, de fingir pasiones imposibles y deseos fuera de toda ley racional, y de llamar a la muerte cuando acaso menos se la desea».

«Muchos amantes —dice usted en otro lugar—, reconvienen a sus Nices, Lais o Maritornes, dirigiéndoles billetes de eterna despedida, donde campean junto a un piropo desabrido una amarga burla, al lado de un mentiroso recuerdo una picante ironía, e injerta en una tonta promesa una amenaza aún más tonta. Espronceda, con su canción delirante o crapulosa, si así puede decirse, dirigida a Jarifa, es el maestro de nuestros poetas eróticos; pero los discípulos han sobrepujado tanto al vate español, que, si viviera, se avergonzaría de la frialdad de sus versos.»

Justo y saludable es el enojo con que truena usted contra el afán de imitar al ya citado Espronceda, a Byron, a Lamartine y a Víctor Hugo, exagerando sus faltas y no acertando a reproducir sus bellezas. Los ejemplos que pone usted son curiosos. Hay un poeta que, para combinar bien lo fúnebre con lo orgiástico, nos describe un banquete celebrado por él en el cementerio, donde turba el augusto silencio de las tumbas con música irónica y carcajadas infernales. Hay otro que, en el día del juicio final, se presenta delante de Dios con su querida de la mano, le dice que aquélla es su señora, que es muy guapa, que su amor es su virtud, que no quiere más cielo que ella, y amenaza al que se atreva a disputársela. Y hay otro, por último, que escribe una leyenda, o fragmento de una leyenda imitando El Estudiante de Salamanca, y dando a luz a un don Félix Joaquín Zavala, que pretende echar la zancadilla a don Félix de Montemar, nuestro compatriota.

En suma, salvo algunas atenuaciones, salvo varias dedaditas de miel que suministra usted de vez en cuando, poco tienen que agradecer a usted los poetas de su tierra. «Todo es pura palabrería, ruido insustancial, brillo falso.» «La lengua está impíamente maltratada.» «Ninguno reflexiona que cuando no hay verdad en los afectos, cuando las expresiones nacen de la cabeza y no del corazón, cuando se desecha lo natural por arrimarse solo a los caprichos de la imaginación, propia o extraña, no hay poesía, sino vano ruido de palabras; que no causa ninguna impresión agradable, sino mucho desabrimiento.» Tales lindezas dice usted de su Parnaso.

Movido usted quizás por el patriotismo, echa la culpa de tamaños males al materialismo, a la impiedad, a la carencia de ideales, al pesimismo, y a otros errores, con que contaminan a los poetas ecuatorianos los poetas europeos, que se les presentan como dechados y objetos de admiración. Pero acaso ¿son satánicos, impíos y desesperados todos los poetas que en Europa están de moda? No: las causas deben de ser otras, y no ésas. Y por otra parte, aun siendo impíos, y satánicos y tétricos, lo cual es de lamentar, no se sigue que sean malos todos los poetas europeos. Buenos, egregios, eminentes pueden ser, a pesar de su satanismo y de su misantropía.

Las causas verdaderas de los malos versos usted mismo las expone, rasgando sin compasión el vendaje y levantando los apósitos para catar las llagas.

El capítulo XVIII de la Ojeada es sangriento. Suelta usted la pluma y se arma del látigo para azotar a cuantos tienen los defectos, o son causa o resultado, o ambas cosas, del mal estado de los estudios en esa república.

Ahí viene usted a declarar que no se estudia nada bien, ni nada útil, que «no hay más que tres malos caminos y un despeñadero: la jurisprudencia desacreditada, el sacerdocio profanado, la medicina mal entendida y peor aplicada, y la vagancia». «Los más —prosigue usted— van al despeñadero, por los malos hábitos adquiridos con los peores estudios.» Los que se dedican a la teología, a la abogacía o a la medicina «carecen, en su mayor parte, de las aptitudes para tales ciencias».

Deplora usted luego que nadie se dedique a seguir otras carreras. Pero, ¿cómo han de seguirlas, si en los colegios y universidades solo se enseña eso y mal? «Las ciencias exactas y naturales, la industria, las artes, los oficios tan necesarios al pueblo, no han merecido la atención de nuestros legisladores o han sido mirados con frío desdén.»

Eso mismo que se enseña puede inferirse de las palabras de usted que no se enseña bien o que no se aprende. «¿Qué importa —exclama usted—, con acerba ironía, que después de conquistados los grados y adquirido el pomposo título de doctor, subsista la ignorancia grande, redonda y cerrada? Este título da derechos que pueden convertirse en oro, aunque sea a despecho de toda razón y justicia.»

Del capítulo que voy analizando, si le diésemos crédito y no viésemos acritud y exageración, deduciríamos que ahí bulle un enjambre de doctores sin doctrina, que no leen sino malas novelas, coplas inmorales, y cuanto de peor y de más desatinado, moral, social y racionalmente, se imprime en Europa, y sobre todo en Francia. Y aquí debo advertir que usted, si bien es antiespañol a veces, por sobrado americanismo, es siempre ultraconservador, ferviente católico, y en política lo que hemos llamado por aquí clerical o neocatólico. Tal calidad debe tenerse en cuenta a fin de mitigar las diatribas de usted contra sus propios contemporáneos y paisanos.

Termino esta carta aquí no sin asegurar a usted que, si bien me parece usted hombre apasionado, también me parece instruido, inteligente y dotado de muy briosa elocuencia, la cual resplandece en no pocas páginas de la Ojeada, y les presta animación y brillantez nada vulgares.

IV

El suelto de *La Época*, acusando a usted de odiar a los españoles, ha dado ocasión a no poco de lo que he dicho en las anteriores cartas, y ha convertido casi en polémica lo que no quiero yo que lo sea. El señor Merchán, a quien cito en una de dichas cartas, se da por aludido y me honra dirigiéndome un escrito de sesenta y cinco páginas de impresión a las que tendrá que contestar. Quedo, pues, empeñado en disputas, contra toda mi intención y propósito, que no era otro que el de dar a conocer, hasta donde alcanzasen mis fuerzas, las obras literarias de los hispanoamericanos, entre sus hermanos los españoles.

Y ya que voy a empeñarme en esta controversia con el señor Merchán, quiero dar por terminado el amago de controversia que con usted he tenido, mas no sin poner antes las siguientes explicaciones o aclaraciones.

1.ª Que yo no creo en el odio de ustedes contra nosotros, sino en que la moda, la corriente de las ideas y sentimientos del día y nuestra propensión a dejarnos guiar por cuanto se les antoja decir, hasta contra nosotros mismos, a franceses, ingleses y alemanes, hace que ustedes vayan a veces más allá de lo justo en ponderar las crueldades y horrores de la conquista de América, sin advertir acaso que más culpados fueron los antepasados de ustedes que los nuestros, pues no es de creer que cuantos martirizaron, asesinaron y vejaron a los indios se volvieron a España, y solo se quedaron por ahí los que los amaban y mimaban.

2.ª Que fuesen los que fuesen los crímenes y atrocidades de nuestros antepasados (de ustedes y nuestros), al apoderarse de ese vasto continente, dado el punto de civilización moral que los europeos alcanzaban entonces, no es de presumir que hubieran sido más blandos otros europeos, si les hubiera tocado en suerte hacer lo que hicimos.

3.ª Que yo lamento, como lamenta el más americano de los americanos, que los españoles, por fanatismo o por desdén, destruyesen monumentos y perdiesen documentos de las semicivilizaciones peruana, azteca y chibcha: pero ¿qué le hemos de hacer? Sunt lacrima rerum. Las conquistas, las invasiones y las revoluciones y cambios, no suelen hacerlos, ni nunca los hicieron, los hombres mansos y suaves, sino los más duros y fuertes. En estos casos, hay poco cuidado en conservar y hay no pequeño prurito de destruir: lo cual en los venideros tiempos se irá remediando; pero entonces ¿cómo se ha de extrañar que causasen graves daños los españoles? ¿Cuántos templos, cuántas estatuas magníficas, cuántos libros no destruirían los cristianos, al acabar con el gentilismo clásico? ¿Qué horrores no harían las hordas del Norte cuando pusieron término en España a la dominación romana? ¿Qué no harían los bereberes contra los monumentos y documentos de la civilización roma no-bizantino-visigótica que en España había, cuando destrozaron ellos el imperio fundado por Alarico? Sería cuento de nunca acabar si siguiésemos con estas citas y comparaciones. Baste lo dicho para que recapacite todo hombre de buena fe y confiese, al menos allá en sus adentros, que valía bien poco lo que nosotros destruimos en América en cambio de lo que en América fundamos, creamos o importamos.

4.ª Que la guerra de independencia y separación de esas repúblicas y la metrópoli no se puede comparar con la reconquista de España y expulsión de los moros, ni con la separación de Portugal de España, ni menos aun con las guerras entre España y los Países Bajos. Ahí lo que hubo fue una guerra civil de emancipación, entre gente de la misma casta, lengua y costumbres. Todo lo que ustedes ensalcen las hazañas, las virtudes y los talentos militares de Bolívar, Sucre, San Martín y demás héroes, nos halaga, en vez de ofendernos, y nos halaga por dos razones: porque nuestra derrota queda cohonestada, y porque esos héroes, que nos vencieron, hijos de España eran, España los había criado y educado, y a España habían ellos servido hasta el día en que se levantaron en armas contra ella.

Y 5.ª Que yo no he sido impulsado por nadie para contradecir algo de lo que usted dice, sino que, al leerlo y al criticarlo, no podía menos de contradecirlo, sin que desee yo renovar la antigua polémica de usted con el señor Llorente Vázquez, ministro que fue de España en esa república: antes bien hubo de intervenir en dicha polémica. No he visto ni estatua ni pintura del gran mariscal de Ayacucho, que tenga a sus pies o el león de España o la bandera de España: pero, si algo tiene de enojoso para nosotros este modo de representar ustedes su triunfo, no pocos de los versos de usted, tan entusiastas de España y de sus antiguas glorias, nos desagravian por completo.

Estas palabras, que usted pone en boca de Bolívar, nos deben dejar satisfechos:

Ver con audaz mirada un nuevo mundo
de ignoto mar dormido en el regazo,
y venciendo olas y enemigos vientos,
y avasallando dudas e ignorancias,
venir, tomarle, alzarle, y a otro mundo,
asombrado decir: ¡He aquí tu hermano!
Y a las puntas fiar de cuatro aceros
de sojuzgar naciones la ardua empresa,
gentes postrando en número infinitas;
y arrancar al error millones de almas
ya la cruel barbarie; las sangrientas
aras despedazar, do el pecho humano
en atroz agonía se agitaba;
quitar al Sol el usurpado culto
y devolverle al Criador: triunfante
la cruz alzar en los dorados templos:
¡Qué hazañas! ¡qué grandeza! ¡cuánta gloria!
¿Quién a envidiarlas no se inclina?

Sobra con lo citado para probar que usted no es enemigo, ni denigrador de los españoles, sino encomiador y amigo de ellos, como español de sangre, de origen, de religión y de lengua.

Por mi parte, terminada queda la discusión con usted, Si más adelante, la siguiere yo con el señor Merchán, más me excitará a ello la cortesía que el prurito de refutar sus opiniones.

Ahora quiero hablar de Cumandá y de otra novelita de usted. Entre dos tías y un tío, que he leído con grande interés y contento.

Empezaré por la novelita, pues, aunque obra más reciente, es de menos importancia.

El estilo y manera que tiene usted de escribir novelas, son verdaderamente originales porque son naturales. No hay género de literatura en que sea más difícil no caer en la imitación de lo francés o de lo inglés, a no adoptar algo de arcaico y afectado, tomando por modelo nuestras antiguas novelas de los siglos XVI y XVII. Por dicha, usted evita ambos escollos. La naturalidad espontánea y sencilla salva a usted de remedar a nadie, y sin aspirar a la originalidad, la tiene usted, sin nada de rebuscado y de raro. En las narraciones de usted no se ve el arte, aunque sin duda le hay. Se diría que usted cuenta lo que ha visto o lo que le han contado, como Dios le da a entender, y como si jamás hubieran contado otros o usted los hubiera leído u oído.

Las descripciones de la gira campestre, de la quinta a orillas del río, de los amores de Juanita y Antonio, tan candorosos e inocentes, y del egoísmo de las tías, y de la casi irresponsable brutalidad del tío don Bonifacio, siempre borracho, parecen la pura realidad.

Para que no sigan los amores de Juanita, porque Antonio es pobre, y doña Tecla cobra y disfruta la pensión de orfandad de su sobrina, doña Tecla envía a la muchacha, desde Ambato, donde vive, a Quito, donde reside Marta, su hermana. Doña Marta es una beata escrupulosa y asustadiza, que atormenta, y muele a la pobre Juanita, más aún que doña Tecla. Un joven militar ve a Juanita en misa, la persigue, la piropea y la pretende, delante de doña Marta, que no le infunde respeto. Doña Marta, entonces, que es egoísta en extremo, y no quiere compromisos ni desazones, escribe a su hermana para que venga el tío Bonifacio y se lleve a Juanita a Ambato otra vez.

En esta vuelta de Quito a Ambato, en este viaje, están el más vivo interés y la acción de la novela. Se nota que el autor, aunque ligero y sobrio en las descripciones, conoce a palmos el terreno: aquello no es fantástico, es real, y esta realidad hace que todo sea más interesante.

Antonio, que sabe el viaje, ha dispuesto robar, durante el viaje, a Juanita. Todo lo ha preparado para robarla y casarse enseguida con ella, y se lo ha dicho a ella por medio de una carta.

Sorprende el tío la carta, mientras Juanita duerme, en una posada en que hacen noche, y, como es un borracho crónico que presume de agudo y listo, toma con Juanita por atajos y veredas extraviadas, a fin de no tropezar con el raptor a quien debían acompañar dos amigos. La resistencia de Juanita a salirse del camino que debían seguir; la brutal violencia con que el tío pega al caballo de Juanita para que vaya por donde él quiere; y el cansancio y el terror de Juanita cuando la noche llega de nuevo y los sorprende cerca del río, que viene muy crecido, todo aumenta la ansiedad del lector y la compasión que Juanita inspira.

Ya están cerca de Ambato: pero es menester antes vadear el río. Don Bonifacio, más valeroso que de costumbre, merced a frecuentes libaciones, halla a un hombre conocido suyo que le muestra el vado. Juanita se aterra más que nunca y no quiere pasar: pero el tío castiga el caballo de Juanita que al fin se echa al agua.

Así llegan a la orilla opuesta. Don Bonifacio oye la voz de Juanita, que dice: ¡Jesús me valga! pero ve que el caballo de Juanita ha pasado y le sigue.

De repente aparecen tres hombres a caballo. Don Bonifacio cree que son Antonio y sus dos amigos y se llena de terror. Los tres de a caballo corren en otra dirección que la que lleva don Bonifacio, quien ve, sin poderlo evitar, que el caballo de Juanita va con ellos.

Desesperado llega don Bonifacio a Ambato. Cuenta el rapto a doña Tecla, cuyo furor es terrible. Se pone en movimiento la policía, y don Bonifacio con ella, y a la mañana siguiente encuentran a Antonio y a sus amigos en una quinta. Piden la entrega de la mujer robada, y niega el rapto Antonio. La buscan y no la encuentran. Por último, unos indios, en parihuelas hechas de ramaje, traen el cadáver de la infeliz Juanita, que han encontrado a la orilla del río. El caballo de Juanita, ya sin jinete, había seguido a los de los tres caminantes que ninguna relación tenían con Antonio y sus amigos.

La desesperación de Antonio y la bestial estupefacción del tío Bonifacio no tuvieron límites con este desenlace. Doña Tecla lloró la muerte de Juanita. Su dolor crecía cuando llegaban los últimos días del mes y no podía cobrar la pensión.

Contado todo esto, como yo lo cuento, no tiene gracia; pero, ¿cómo dar de otra suerte idea de una novela? Claro está que en Juanita y en Antonio, fuera del amor inocente y profundo que los anima y de la bondad de ambos, no hay muy marcada y distinta fisonomía, ni era posible dársela en tan corta novela: pero las dos tías y el tío, como caracteres cómicos, más fáciles de individualizar, están hábil y graciosamente pintados. Los usos y costumbres lo están también; y, durante la lectura, imagina uno que vive en el Ecuador, treinta o cuarenta años hace.

Muchísimas novelas se han escrito y se siguen escribiendo en toda la América española. No pocas de ellas merecerían ser más conocidas y leídas en España y por todo el mundo. Hay novelas chilenas, argentinas, peruanas, colombianas y mexicanas. Yo he leído ya bastantes, pero declaro que ninguna me ha hecho más impresión hasta ahora, y me ha parecido más española y más americana a la vez, mejor trazada y escrita que Cumandá. Aquello es en parte real y en parte poético y peregrino.

El teatro, en que se desenvuelve la acción, es admirable y grandioso y está perfectamente descrito. El autor nos lleva a él, trepando por la cordillera de los Andes, pasando el río Chambo de rápida e impetuosa corriente, oyendo el ruido de la catarata de Agoyan, y mostrándonos, desde la cumbre del Abitahua, por una parte la ingente cordillera, coronada de hielo, y, a nuestros pies, la inmensa y verde llanura, la soledad sin límites, las selvas primitivas, frondosas y exuberantes, por donde corren, regándolas y fecundizándolas, el Napo, el Naray, el Tigre, el Morona, el Chambira, el Pastaza y otros muchos ríos caudalosos, que van a acrecentar la majestuosa grandeza del Amazonas.

El autor nos hace penetrar en aquellos misteriosos y fértiles desiertos, por donde vagan tribus de indios salvajes. Allí, si por un lado oye el hombre una voz que le dice, ¡cuán pequeño, impotente e infeliz eres!; por otro lado, oye otra voz que le dice: eres rey de la naturaleza; estos son tus dominios. Excepto Dios y tu conciencia, aquí nadie te mira ni sojuzga tus actos.

Tal es el sublime teatro de la acción de Cumandá. Las sombras de la espesa arboleda, las sendas incultas, la fragancia desconocida de las flores, el sonar de los vientos, el murmurar de las aguas, todo está descrito con verdadera magia de estilo.

Se diría que el autor templa, excita y prepara el espíritu de los lectores, para que la extraña narración no le parezca extraña, sino natural y vivida.

No me atrevo a contar la acción en resumen. No quiero destruir el efecto, que a todo el que lea la hermosa novela de usted debe causar su lectura.

Los jesuitas, a costa de inmensos sacrificios, de valor y de sufrimiento, habían cristianizado a muchos de los más indómitos y fieros salvajes de aquellas regiones; y en ellas habían fundado no pocas aldeas. La pragmática sanción de Carlos III, expulsándolos, vino a deshacer en 1767, la obra de civilización tan noble y hábilmente empezada.

El tiempo de la novela es a principios del siglo presente, en pleno salvajismo de aquellas apartadas comarcas.

Hay, no obstante, una misión o aldea de indios cristianos. El sacerdote que la dirige, es un rico hacendado, a quien, en una sublevación, los indios habían incendiado hacienda y casa, dando muerte a su mujer y a su hija.

El hijo del misionero, que se había salvado y vivía con él en la misión, es el héroe de la novela. Sus castos amores con Cumandá, y las extraordinarias aventuras, a que dan ocasión estos amores, forman la bien urdida trama de la novela.

¿Cómo negar, no obstante, que, desde cierta punto de vista, la novela tiene un grave defecto? La heroína, Cumandá, apenas es posible, a no intervenir un milagro: y de milagros no se habla. La hermosura moral y física del ser humano es obra artificial o sobrenatural. O nace en un estado paradisíaco y de una revelación primitiva, de que por sus pecados cayó el hombre, o renace por virtud de revelaciones sucesivas y de progresivos esfuerzos de voluntad y de inteligencia. La hermosura moral y física de la mujer, más delicada y limpia, que la del hombre, requiere aun mayor cuidado, esmero y esfuerzo, para que nazca y se conserve. Difícil de creer es, por lo tanto, que Cumandá, viviendo entre salvajes, feroces, viciosos, groserísimos, moral y materialmente sucios, y expuestos a las inclemencias de las estaciones, conserve su pureza virginal, y sea un primor de bonita, sin tocador, sin higiene y sin artes cosméticas e indumentarias. Cloe, en las Pastorales de Longo, no vive al cabo entre gente tan brutal, y toda su hermosura resulta además estéticamente verosímil, ya que Pan y las Ninfas la protegen y cuidan de ella. Cloe es un ser milagroso, y, para los que creían en Pan y en las Ninfas, en perfecto acuerdo con la verdad. Pero como Cumandá no tiene santo, ni santa, Dios, ni Diosa, ni hada, que tan bella y pura la haga y la conserve, es menester confesar que resulta dificultoso de creer que lo sea.

En muestras de imparcialidad, yo no puedo menos de poner este reparo a la novela de usted: pero, saltando por cima, haciendo la vista gorda y creyendo a Cumandá posible y hasta verosímil, la novela de usted que, con el hechizo de su estilo nos induce a creer posible a Cumandá, es preciosa, ingeniosa, sentida, y llega a conmovernos en extremo.

Fuera de Cumandá, todo parece real, sin objeción alguna. Las tribus jívaras y záparas, y las fiestas, guerras, intrigas, supersticiones y lances de dichas tribus y de los demás salvajes, están presentados tan de realce, que parece que se halla uno viviendo en aquellas incultas regiones.

El curaca Yahuarmaqui, que significa el de las manos sangrientas, es como retrato fotográfico: él y los adornos de su persona y tienda, donde lucen las cabezas de sus enemigos, muertos por su mano: cabezas reducidas, por arte ingenioso de disección, al tamaño cada una de una naranjita.

Carlos, héroe de la novela y amante de Cumandá, no tiene grande energía ni mucha ventura para libertar a su amada: pero, en fin, el pobre Carlos hace lo que puede. Cumandá, en cambio, es pasmosa por su serenidad y valentía. Cuando la casan con el curaca Yahuarmaqui, la inquietud y el temor llenan el alma de los lectores. El curaca, por dicha, tenía ya más de setenta años, y muere a tiempo: muere la noche misma en que debe poseer a Cumandá. Pero la desventurada muchacha, con la muerte de Yahuarmaqui, pasa de Herodes a Pilatos. La deben sacrificar como a la más querida de las mujeres del curaca para que le acompañe en la morada de los espíritus. La fuga nocturna de Cumandá, por las selvas, es muy interesante y conmovedora. Los lances de la novela se suceden con bien dispuesta rapidez para llegar al desenlace. Cumandá es una generosa heroína. Para salvar a

Carlos, que ha caído prisionero, y para evitar a la misión una guerra con el sucesor de Yahuarmaqui y su tribu, se va Cumandá de la aldea del padre Domingo, donde había buscado refugio, y se entrega a los salvajes, que la sacrifican. Luego se descubre que Cumandá era la hija del padre Domingo, a quien éste creía muerta cuando incendiaron su hacienda, y a quien una india, movida a compasión, había salvado y criado a su manera. Todos los incidentes de la catástrofe, del reconocimiento, del dolor del padre Domingo y de Carlos, están hábilmente concertados. Aceptada la posibilidad de tan sublime, casta, pura y elegante Cumandá, haciendo entre salvajes, vida salvaje, la narración parece verosímil y con todos los caracteres de un suceso histórico.

La verdad es que, dado el género, aunque rabien los naturalistas, la novela Cumandá es mil veces más real, más imitada de la naturaleza, más producto de la observación y del conocimiento de los bosques, de los indios y de la vida primitiva, que casi todos los poemas, leyendas, cuentos y novelas, que sobre asunto semejante se han escrito.

En mi sentir, usted ha producido en Cumandá una joya literaria, que tal vez será popularísima cuando pase esta moda del naturalismo, contra la cual moda peca la heroína, aunque no pecan, sino que están muy conformes los demás personajes.

Las dos novelas, que de usted conozco, me incitan a desear leer otras que haya usted escrito, o que escriba usted otras para que las leamos.

Tradiciones peruanas

A don Ricardo Palma

Muy estimado señor mío: Grandísimo gusto me ha dado el recibir y leer el libro que usted me envía, recién publicado en Lima con el título de Ropa vieja; lo que me aflige es la segunda parte del título: última serie de tradiciones. En esas historias, que usted refiere como el vulgo y las viejas cuentan cuentos, donde hay, según usted afirma, algo de verdad y algo de mentira, yo no reconozco ni sospecho la mentira sino en las menudencias. Lo esencial y más de bulto es verdad todo, en mi sentir, salvo que usted borda la verdad, y la adorna con mil primores que la hacen divertida, bonita y alegre. Por esto me duele la frase amenazadora última serie de tradiciones. Quisiera yo, y estoy seguro de que lo querrían muchos, que escribiese usted otros tres o cuatro tomos más sobre los ya escritos. Yo tengo la firme persuasión de que no hay historia grave, severa y rica de documentos fehacientes, que venza a las Tradiciones de usted, en dar idea clara de lo que fue el Perú hasta hace poco y en presentar su fiel retrato.

Soy andaluz, y no lo puedo remediar ni disimular. Soy además y procuro ser optimista. Y como me parece esa gente que usted nos pinta, la flor y nata del hombre y de la mujer de Andalucía, que se han extremado y elevado a la tercera potencia al transplantarse y al aclimatarse ahí, todo me cae en gracia y no me avengo con las declamaciones que hacen algunos críticos americanos, al elogiar la obra de usted como sin duda lo merece.

¿Para qué he de ocultárselo a usted? Aunque soy muy entusiasta de la América española o digase latina, ya que por no llamarla española le han puesto ustedes ese apodo, confieso que me aburre, más que me enoja, la manía de encarecer, con lamentos o con maldiciones, todas las picardías, crueldades, estupideces y burradas, que dicen que los españoles hicimos por ahí. Se diría que los que fueron a hacerlas, las hicieron, y luego se volvieron a España, y no se quedaron en América sino los que no las hicieron. Se diría que la Inquisición, los autos de fe, las brujas y los herejes achicharrados, la enorme cantidad de monjas y de frailes, la afición a la holganza y a los amoríos, la ninguna afición a trabajar, y todos los demás vicios, horrores y defectos, los llevamos nosotros ahí, donde solo había virtudes y perfecciones. Se diría que nada bueno llevamos nosotros a América, ni siquiera a ustedes, ya que, en este supuesto, o no serían ustedes buenos, o serían indios, o nacerían ahí, no de padres y madres españoles, sino por generación espontánea. Y se diría, por último, que de todos los milagros que hicieron los santos que hubo en el Perú, tiene España la culpa, como si solo en España y en sus colonias se hubieran hecho milagros, se hubieran quemado brujas, y hubiera sido la gente más inclinada al bureo que al estudio, al despilfarro que al ahorro, a divertirse, que a atarearse.

Si aquellos polvos traen estos lodos; si de resultas de no haber filosofado bien, de haber sido holgazanes y fanáticos, y de los otros mil pecados de que se nos acusa, somos hoy más pobres, más débiles, más desgobernados y más infelices nosotros que los franceses y que los ingleses y alemanes, y ustedes que los yankees, no está bien que toda la culpa caiga sobre nosotros, y que los discursos de esos críticos sean una paráfrasis de aquello que dijo el cazo a la sartén: «quítate que me tiznas».

Procuremos enmendarnos aquí y ahí; arrepintámonos de nuestras culpas, y no juguemos con ellas a la pelota, arrojándonoslas unos a otros. ¿Quién sabe entonces, si es que la elevación de unas naciones sobre otras y el predominio nacen de merecimientos y no de circunstancias y de leyes históricas, que tal vez se sustraen a la voluntad humana, y que tal vez ni se prevén ni se explican por los entendimientos más agudos; quién sabe, digo, si volveremos a levantarnos de la postración y hundimiento en que nos hallamos ahora?

Entre tanto, lo mejor es que cesen las recriminaciones que a nada conducen; y lo peor es que cada español o cada hispanoamericano se crea ser excepcional y reniegue de su casta, en la cual se considera el único discreto, hábil, listo, laborioso, justo y benéfico.

Va todo esto contra los críticos de ahí, que, al elogiar su obra de usted, nos maltratan. Nada va contra usted, que describe la época colonial como fue, pero con amor, piedad, e indulgencia filiales.

Su obra de usted es amenísima: el asunto está despilfarrado, tan conciso es el estilo. Anécdotas, leyendas, cuentos, cuadros de costumbres, artículos críticos, todo se sucede con rapidez, prestando grata variedad a la obra, cuya unidad estriba en que todo concurre a pintar la sociedad, la vida y las costumbres peruanas, desde la llegada de Francisco Pizarro hasta casi nuestros días.

En la manera de escribir de usted hay algo parecido a la manera de mi antiguo y grande amigo Serafín Estébanez Calderón, El Solitario; portentosa riqueza de voces, frases y giros, tomados alternativamente de boca del vulgo, de la gente que bulle en mercados y tabernas, y de los libros y demás escritos antiguos de los siglos XVI y XVII, y barajado todo ello y combinado con no pequeño artificio. En El Solitario había más elegancia y atildamiento: en usted mucha más facilidad, espontaneidad y concisión.

Por lo menos, las dos terceras partes de las historias que usted refiere, me saben a poco: me pesa de que no estén contadas con dos o tres veces más detención y desarrollo. Algunas hay en las que veo materia bastante para una extensa novela, y que, sin embargo, apenas llenan un par de páginas de su libro de usted.

Aunque es usted tan conciso, tiene usted el arte de animar las figuras, y dejarlas grabadas en la imaginación del lector. Los personajes que hace usted desfilar por delante de nosotros, virreyes, generales, jueces, frailes, beatas, mozas regocijadas, inquisidores, insurgentes y realistas nos parecen vivos y conocidos, como si en realidad los tratásemos.

De cuanto queda dicho, infiero yo, y doy por cierto, que es usted un escritor muy original y de nota, cuya popularidad por toda la América española es fundadísima, cunde y no ha de ser efímera, sino muy duradera.

Confieso que no sé a qué narración he de dar la preferencia. Apenas hay una que no me haya divertido o interesado.

A la Protectora y a la Libertadora, o dígase, a las amigas favoritas de San Martín y de Bolívar cuyas vidas y lances de amor y fortuna usted refiere, no me parece sino que las estoy viendo, cuando andaban triunfantes al lado de sus respectivos héroes.

El Clarín de Canterac, que con su incesante toque a degüello se creía que iba a dar en Junín la victoria a los españoles, y que prisionero él, y ya vencidos los españoles, tuvo que meterse fraile para no ser fusilado, es historia tan singular, que apenas parece verdadera.

Aun es más singular y más característica la historia de fray Pedro Marieluz, acérrimo enemigo de los insurgentes, a quienes creía herejes y excomulgados vitandos. Un jefe militar realista, cuyo nombre no quiero poner aquí, porque él ha figurado después mucho en España y usted le atribuye una crueldad espantosa, descubrió cierta conjuración, y prendió a trece de los principales conjurados. Por más que hizo, no logró el general arrancarles los secretos de la conjuración. Mandó entonces fusilarlos, no sin que antes el padre Marieluz los confesara. Los confesó, y fueron fusilados.

Entonces quiso el general que el padre Marieluz le descubriese toda la trama, que sin duda en la confesión le habían dicho los trece. El fraile se negó, a pesar de halagos y amenazas.

—De rodillas, fraile —dijo entonces el general.

El fraile se puso de rodillas.

El general exclamó luego:

—¡Preparen, apunten!

Y, volviéndose a la víctima, dijo con voz imponente:

—Por última vez, en nombre del rey, le intimo que declare.

—En nombre de Dios, me niego a declarar —contestó el fraile con acento débil, pero reposado.

—¡Fuego!...

Y fray Pedro Marieluz, noble mártir de la religión y del deber, cayó destrozado el pecho por las balas.

Las historias cómicas y alegres abundan más, por dicha, que las trágicas, descollando por lo gráfico de las costumbres de por ahí, en otros días, El motín de limeñas, La victoria de las camaroneras y La querella de los barberos.

La historia de El capitán Zapata, que no ocupa dos páginas enteras del libro de usted, se presta y aun convida a escribir una novela de aventuras extraordinarias, de dos o tres volúmenes. ¿Vivió ese capitán Zapata, o le ha inventado usted? ¿Fue de cierto al Perú y se hizo rico con una mina del Potosí que descubrió y a la que dio su nombre? ¿Volvió rico a Cádiz y desapareció luego? El desenlace, real o imaginado, no se sospecha. Peláez, el amigo y protegido de Zapata, vuelve a España también, y busca en balde a su protector y antiguo amigo. Cae, por último, Peláez en poder de corsarios, que le llevan a Argel, ¡cuál no sería su sorpresa al encontrarse con que el gran visir era Zapata, morisco y musulmán disimulado antes, que, huyendo de la Inquisición, se había pasado a tierra de moros, con todo lo que en el Perú había ganado!

Casi estoy por decidirme y declarar a usted que de cuantas tradiciones contiene esta última serie, ninguna me agrada tanto como El alacrán de fray Gómez.

Figura de verdad, en el siglo XVI, es el honrado castellano viejo, buhonero arruinado, que no tiene con qué sustentar a su mujer e hijos que no halla quien le preste quinientos duros, con los cuales entiende que lograría rehacerse y que no se desespera, sino que, lleno de fe, y de confianza en Dios, acude a su siervo fray Gómez, que estaba en olor de santidad, y que es pobre, pero que sabe y suele hacer milagros.

Fray Gómez se compadece del buhonero; pero en su pobre celda no hay dinero ni alhajas, ni trasto que valga 2 reales.

De pronto ve fray Gómez cerca de la ventana, sobre la pared encalada, un alacrán que va corriendo. Arranca fray Gómez una hoja del libro devoto que leía, coge bonitamente el alacrán, y le envuelve en aquel papel.

—Tome, hermano, esta prenda, y acuda a un joyero que le prestará sobre ella el dinero que necesita.

El buhonero llevó la prenda al joyero, que al verla se quedó pasmado. Era un alfiler o prendedor magnífico, de oro con esmalte, el cuerpo una esmeralda, un enorme diamante la cabeza y dos rubíes los ojos.

El joyero hubiera dado miles de duros sobre tan rica prenda: pero el castellano viejo no quiso tomar ni tomó sino 500, y por seis meses.

Con aquel corto capital, en verdad bendito, prosperó y se enriqueció pronto el buhonero; desempeñó la joya y la devolvió a fray Gómez.

Éste la sacó del papel, la puso en el sitio en que la había hallado, y dijo:

—¡Animalito de Dios, sigue tu camino!

El alacrán echó a correr, y se largó a sus asuntos como si tal cosa.

Para mi modo de sentir, este cuento es precioso, simbólico, instintivamente filosófico, de la más sana y alegre filosofía.

Los juicios literarios, el discurso académico, todo lo demás, en suma, que el libro contiene, me parece muy bien asimismo. Solo me pesa de su aborrecimiento de usted a los Jesuitas y de lo mal que los quiere y los trata. Pero, en fin, no hemos de estar de acuerdo en todo.

Mil gracias por el envío de su divertidísimo libro.

Un polígrafo argentino

Al señor don Santiago Estrada

I

Muy señor mío y distinguido amigo: Harto difícil es para mí el honroso encargo, que usted me da y que tanto me lisonjea, de poner algo como Prólogo en el tomo de sus obras que lleva por título Miscelánea. No extrañe usted, pues, y perdone mi tardanza en cumplir dicho encargo, aunque le acepté complacidísimo.

Sé que usted hace imprimir y va a publicar a la vez en Barcelona otras varias obras suyas. El conjunto de ellas formará seis tomos, de los cuales solo he leído aquel en que mi crítica debe emplearse.

A usted mismo más le conozco de fama que de trato. Si no recuerdo mal, una vez sola tuve el gusto de estar conversando con usted por espacio de poco más de media hora. Esto y el decir de las gentes bastan a demostrarme la bondad de usted, su discreción y su ilustrado juicio: pero, como yo sigo mal la historia contemporánea de todos los países, ignoro qué partido es el de usted en la república de que es ciudadano, qué papel ha desempeñado en su política, y cuáles son sus aspiraciones o ideas.

El tomo Miscelánea, que usted me envía, parece, por consiguiente, como reunión de datos para resolver un problema y para despejar una incógnita, ya que incógnita era para mí, antes de recibir dicho tomo, la importancia literaria de usted en su tierra.

Para persona de mayor agudeza y de más honda penetración que las que yo poseo, esta ignorancia previa traería ventajas y contribuiría a dar superior lucimiento al desempeño de su tarea. Por el hilo, como se dice vulgarmente, sacaría el ovillo: y, solo en vista de la Miscelánea formaría exacto y cabal concepto de la personalidad de usted y la expondría al público con firmeza. Lo que es yo, o tengo que limitarme a hablar aisladamente del tomo Miscelánea o me expongo a extraviarme al pretender adivinar.

De sobra se me alcanza el propósito de usted al pedirme el Prólogo. Ha llegado a mi noticia que usted ha pedido también Prólogos para otros de sus libros a otros escritores españoles. Y en esto, así como en la circunstancia de imprimir usted todas sus obras en Barcelona, se ve patente el intento de que la edición que usted hace sea como muestra o símbolo de la fraternidad de hispanoamericanos y de españoles peninsulares y de la unidad indestructible de la civilización ibérica, cuyo lazo no rompen ni todas las ondas del Atlántico que entre nosotros se agitan, ni los recuerdos de una guerra, inevitable aunque fratricida, pero cuya sangre y cuyas lágrimas se cerraron ya, dejando limpio y no marchito el lauro.

Para usted, que es tan creyente y fervoroso católico, ha de ser de indiscutible verdad el criterio que me guía al considerar los acontecimientos humanos, porque sin suprimir en cada individuo la responsabilidad de las acciones, ya nobles y generosas, ya egoístas y perversas, y nacidas siempre de libre albedrío, veo en el conjunto algo de divino o indefectiblemente ordenado con soberana prescciencia, por donde todo cuanto ocurre es lo mejor que puede ocurrir y todo cuanto se realiza y consuma es para bien, aunque parezca mal por lo pronto; de suerte que el refrán más verídico y piadoso es el que dice: «no hay mal que por bien no venga». Aplicado esto a los casos particulares me compone una filosofía de la historia, en germen sin duda, poco sutil, nada profunda e ingeniosa, pero muy optimista y rica de esperanzas y de consuelos.

La emancipación de las colonias españolas en el continente americano fue, pues, cuando debió ser, y no pudo ser ni después ni antes. España carecía de fuerza para mantener tanto imperio y era menester que se desbaratara. No hay que discutir si cada uno de los desmembrados fragmentos hubiera alcanzado más tarde mayor eficacia, a fin de constituir, sin largas convulsiones dictaduras, tiranías y guerras civiles, un Estado libre, próspero y fuerte. Sin discutirlo yo, por fe en la invicta civilización europea, y en que la raza a que pertenezco fue y seguirá siendo una de las más hábiles y activas para crearla, conservarla y difundirla, jamás desconfié de nuestro destino; y, en los instantes más tristes y ominosos, cuando, al ver, en las nuevas repúblicas, discordias, desquiciamiento y feroces tiranos, se pronosticaban ruinas, sobre las cuales otra raza de más valer vendría a entronizarse, jamás desesperé, no ya de la salud de la patria, sino de algo más amplio y sublime: de la salud de mi gente.

Por lo expuesto comprenderá usted y ponderará mi alegría, al notar la naciente grandeza, la prosperidad, el brío y el orden, que se van mostrando en algunas de las repúblicas que fueron colonias de España. Hay en ello, para todo español, no una satisfacción, sino un enjambre de satisfacciones de amor propio: la del padre que conoce en el hijo la nobleza de su sangre, anhelando que valga más que él y le supere: la del maestro o tutor, que, cuando el discípulo o pupilo se luce, se engríe imaginando que es parte en el triunfo la educación que le ha dado: y para mí, además, la del vidente que se deleita jactándose de que no salieron falsos sus vaticinios.

En la situación actual de las repúblicas hispanoamericanas, y singularmente de la Argentina, concretándonos a aquella que cuenta a usted entre sus ilustres patricios, hay no poco de pueblo naciente y no poco también de prolongación de otro pueblo, que tuvo ya extensa vida y representó lucido papel en el teatro del mundo. Idioma, religión, leyes, costumbres, ciencias, letras y artes, todo lo han recibido ustedes de España. Este tesoro, que no debe desdeñarse para crear otro nuevo, sino aprovecharse para que crezca y se centuplique, consta de dos clases de riqueza; una exclusiva y peculiar de nuestra raza: otra común a toda la civilización europea. Conato de lo imposible sería prescindir de esto o trastrocarlo adrede para hallar la originalidad y la novedad sin precedentes. Todo esto es harto sólido para que sirva de base sobre la cual pueda erigirse soberbio y nuevo edificio. Nada de esto debe desecharse para levantar desde los cimientos edificio nuevo.

Por lo dicho, lo primero que elogio y lo primero que me es simpático en los escritos de ustedes es el espíritu conservador y castizo de que están impregnados. Ni tal espíritu perjudica a la originalidad individual del escritor. Para ser original no es necesario desfigurarse, ni disfrazarse, ni descastarse, ni dejar uno de ser quien es y ser otro. Y en cuanto a la originalidad colectiva, en cuanto al sello nacional y distinto, es seguro que ha de ponerse sobre la propia y común sustancia española y no sobre otro elemento de importación o sobre materia extraña y prestada.

La Miscelánea de usted es una colección de artículos de varios géneros, pero en todos prevalece lo moral y religioso. Más bien que de crítico-literarios pueden calificarse de filosóficos y doctrinales. En esto se asemejan, aunque van por opuesto camino, a los del ecuatoriano Juan Montalvo: a su Espectador y a sus Siete Tratados. Montalvo y usted han escrito ensayos, como los que Montaigne llamó ensayos, y no como los ingleses, que suelen ser extractos y críticas de libros. Ustedes, con más libertad y sin tomar siempre ocasión de libro alguno, discurren sobre puntos diversos y componen sobre cada punto un tratadito o disertación breve.

En las tendencias, Montalvo y usted son muy distintos y en el estilo más aún. Montalvo es artificioso y afectadísimo: usted, espontáneo y natural. Montalvo aspira en demasía a decir cosas nuevas y a decirlas como nadie las ha dicho: quiere ser un primor, un dechado de forma. Usted aspira solo a decir lo que siente y piensa, aunque sea lo que sienten y piensan los demás hombres; y a decirlo con orden y claridad, sin rebuscamiento ni rarezas.

No hay que decir que yo prefiero lo último.

Si usted tratase de ciencias exactas o de observación, el crítico debería empezar por saber dichas ciencias, y luego decidir si era la verdad lo que usted decía. Pero las materias sobre las que usted diserta, salvo ciertos principios inconcusos, quaedam perennis philosophia, en que debemos todos convenir y en que por dicha usted y yo convenimos, tienen tanto de opinables y de controvertibles, que sería en mí exceso de petulancia, ya el declarar a usted depositario y divulgador de la verdad, ya el impugnarle, haciendo patentes sus errores. Necesitaría yo además para esto, no componer un escrito corto, sino un libro tan voluminoso como el de usted.

Si lo que usted sostiene es la recta doctrina, ya convencerán de ello las palabras de usted a quien las leyere, sin necesidad de que vengan las mías en su apoyo. Y si hubiere error en poco o en mucho, ni yo me hallo con autoridad ni con capacidad para manifestarle, ni la misión de un Prologuista es entrar en polémica con su Prologuizado.

Lo que sí me incumbe decir, y lo que puedo decir por fortuna, y ésta, a mi ver, es grande alabanza, es que usted escribe corde bono et fide non ficta, con la sinceridad, con la convicción candorosa, que atrae la atención de los lectores, que les gana la voluntad, que los convence a veces, y que, cuando no los convence, los interesa y conmueve, convirtiéndolos, si no en correligionarios del dogma que se predica, en amigos y parciales entusiastas del predicador.

Entienda usted bien que no quiero expresar con esto más de lo que expreso, ni mostrar mi escepticismo con reticencias. Lo único que yo quiero expresar y que expreso ahora es que, un libro que trata rápida y sumariamente sobre tantos y tan trascendentales asuntos sería ligereza y osadía, ora que yo en todo le declarase conforme a la verdad, ora que en poco o en mucho le calificase de erróneo.

Lo que sí puedo hacer y hago con sumo contento, sin salir de las dudas escépticas en que la modestia me ha encerrado, es calificar el libro de usted de libro sano, fruto de un entendimiento y de una voluntad sanos también ambos.

Esta sanidad es, en mi sentir, el fundamento de toda buena obra de literatura; es la razón que ha de tener el crítico meramente literario, y no científico ni filosófico, para declarar buena la obra. Consiste dicha sanidad en no dejarse arrastrar de afectos torcidos, aunque sean sinceros; en poner por base el sentido común y no desecharle nunca, aunque sirva de trampolín para brincar por cima de él más allá de las estrellas; en no seguir una dialéctica viciosa por el empeño presuntuoso de parecer más sutil o más profundo que el resto de los mortales; y en no incurrir en extravagancias para pasar por genios.

La insania de que hablo no impide que el escritor sea tenido por grande; pero yo no gusto de él. Tal vez lo que dice está más conforme con lo que a mí me parece la verdad que lo que dice el escritor sano: pero el error de éste es más simpático y causa menos daño que la verdad en la boca o en la pluma del otro. Prefiero a Voltaire renegando de todo dogma cristiano a Rousseau ensalzando los Evangelios; y menos mal me parece Carducci componiendo una oda a Satanás, donde su sola afectación es llamar Satanás a la personificación del ingenio humano, que Chateaubriand levantando El genio del Cristianismo sobre un cúmulo de afectaciones.

Declarado ya aquí como sentencia que es usted un escritor sincero, entusiasta sin extravío y sin empeñarse en ser entusiasta, y sano además, añadiré, como parecer individual mío, que me agrada en extremo su modo de pensar de usted, y que en lo más esencial siempre le apruebo y le aplaudo.

Desde luego coincidimos en nuestra estética, fundamento de nuestra crítica. Cuanto dice usted en defensa del poeta colombiano Jorge Isaacs, en el artículo titulado El ideal del poeta, es, bien dicho, lo mismo que yo pienso y siento. Usted niega, como yo, que la poesía sea don funesto, cultivo del dolor; y entiende que no es deformidad o enfermedad el genio, sino salud más completa, fecunda y dichosa, que la salud de que goza el vulgo.

En el juicio que forma usted de Olegario Andrade estamos de acuerdo, si bien usted se muestra y puede mostrarse más severo que yo porque Andrade es su paisano.

En todos los artículos de usted de asunto religioso son de admirar la ardiente devoción, la fe profunda y la espontánea elocuencia. Y a mí me encanta asimismo que la religiosidad de usted, lejos de estar reñida con el espíritu del siglo, con la creencia en el progreso y con el amor a la libertad, se combina con estas ideas y con estos sentimientos, purificándolos y santificándolos. No se funda la fe católica de usted en escepticismo y pesimismo, como la de Pascal, Bonald, De Maistre y Donoso, sino en optimismo y en confianza mesurada y justa en la razón humana. No es menester para amar a Dios odiar y despreciar al prójimo, antes por amor de Dios más se le ama y más se le respeta. Ni es menester para aceptar una revelación exterior, que viene a nosotros con la palabra, materialmente, ya por los oídos, ya por los ojos, sostener que la luz íntima que Dios nos ha dado, solo sirve para descubrir e iluminar disparates.

El libro de usted es muy ameno y tan variado que no acertaré a dar idea de todo él sin pecar de prolijo. Contiene cuadros de costumbres, como Liberato; crítica de bellas artes, como El dolor concentrado y Una estatua de Alonso Cano; y encomios de personas ilustres, como los del padre Jordán y de Juana Manuela Gorriti, a la cual, lo confieso con vergüenza para prueba de la incomunicación intelectual en que hemos estado, no había yo oído mentar nunca, aunque usted afirma que comparte con la Avellaneda el imperio literario de la mujer americana en la América española. Y son tales las elocuentes alabanzas que da usted a la Gorriti, que, a ser justas también, y no exageradas por generosa benevolencia, a pesar de mi admiración por la Avellaneda, tengo que conceder a la Gorriti la primacía.

En los artículos en que combate usted vicios sociales o manías de moda, como la cremación y el suicidio, son de celebrar el saber que usted patentiza, la sencillez y el orden del estilo y el calor con que defiende sus opiniones.

134

A mi ver, el más bello, sabio y erudito de estos artículos filosóficos, es aquel en que critica usted la obra de José María Ramos Mejía, titulada: Las neurosis de los hombres célebres en la República Argentina. Da motivos esta obra para que usted niegue las neurosis invencibles que destruyen la responsabilidad, para que haga una brillante defensa del libre albedrío y para que impugne el materialismo y no acepte el divorcio entre la razón y la fe, la religión y la ciencia.

Su libro de usted, como todo libro bien escrito y lleno de saber y de talento, no solo contiene muchas ideas, sino que las despierta en el ánimo de quien lee, ya por ampliación y deducción, ya por contradicción también; pero dejo de poner aquí las mías, para que no me acuse usted de pesadez, se arrepienta de haberme confiado el Prólogo, y perjudique éste el libro en vez de favorecerle.

Baste que yo reconozca, para terminar, que el libro, por fortuna y mérito de usted, y para honra de las letras españolas, en toda su amplitud españolas, no necesita de recomendación ni de apoyo.

Y si por el tomo conocido he de calcular el mérito de los cinco que no conozco aún, me atrevo a afirmar que el día de la aparición de los seis tomos será día fausto en los anales de nuestra total literatura.

II

Mil gracias doy a usted por el ejemplar que me envía de sus obras completas. Son ocho tomos: no seis, como yo había entendido.

Después de las alabanzas, merecidas y discretas, que hacen de usted, en prólogos, introducciones y apéndices, los señores don Santiago de Liniers, su pariente de usted; don Valentín Gómez, don Pedro Bofill, don Nilo María Fabra y don Eduardo Bustillo, todo lo que yo diga parecerá pálido y frío.

Quiero, no obstante, decir algo, a fin de mostrar que he leído todos los tomos y que los he leído con deleite.

Elegantemente impresos en Barcelona, y como apadrinados, aunque no lo necesitan, por escritores peninsulares de nota, se diría que vienen a aumentar nuestra riqueza literaria, y que, sin dejar de ser argentinos, traen al tesoro intelectual de la Metrópoli nuevas y preciosas joyas.

No hay en la colección trabajos muy extensos. En su mayor parte son artículos, tal vez publicados en periódicos, o discursos, leídos o pronunciados, en ocasiones solemnes, en el seno de juntas o de asambleas.

Da unidad al conjunto la personalidad del autor; pero esta unidad, por el estilo, por el carácter, por la fijeza y firme consecuencia de las opiniones, no es menos evidente que la que se nota en los Ensayos de Montaigne, de Carlyle, de Macaulay, o del ecuatoriano Juan Montalvo.

Los asuntos no pueden ofrecer mayor variedad. Ya escribe usted crítica literaria como Sainte-Beuve; ya de dramas y comedias como Janin y Lemaitre; ya de música como Scudo, y ya traza graciosos y ligeros cuadros de costumbres, como nuestros célebres Fígaro, El Solitario y El Curioso Parlante.

En cuanto los ocho tomos contienen, luce usted su vasta lectura, su recto criterio, su viva y espléndida imaginación; lo bondadoso e indulgente de su índole que, más que a señalar defectos, le lleva a descubrir y celebrar bellezas; y el fervoroso entusiasmo y el amor entrañable con que se complace usted en realzarlas y en encomiarlas.

Yo, que me precio de ser y soy tan benigno como usted, no soy, ni con mucho, tan entusiasta; y, lo confieso, siento cierto temor a lo exaltado y lírico del estilo. Cuando por extraña casualidad quiero emplearle, me parece que oigo a mi lado, arredrándome, la voz de maese Pedro que dice: «no te encumbres, que toda afectación es mala». Está claro que maese Pedro habla conmigo, y para otros que se entusiasman o fingen entusiasmarse y llenan lo que escriben de flores contrahechas, que no puede haber nada más cursi; pero maese Pedro no habla para mí contra usted, que es naturalísimo y sencillísimo, y que solo florea cuando las flores brotan, sin que usted lo pueda remediar, ex abundantia cordis. En este caso, más es de envidiar que de censurar que las haya. Envidiable es, en todos sentidos, el ardor apasionado que hace que nazcan estas flores.

Donde más me agrada en usted la tal poesía en prosa, que por ser natural no condeno sino que aplaudo y envidio, es en los elogios de mujeres. Nadie niega que es usted un estético apasionado de los buenos versos, de la declamación y de la música, ni menos que es un fervoroso católico; pero en mucho de lo que dice usted y en los retratos que hace de Adelina Patti, de

Sara Bernhardt, de Lucía Pastor y hasta de Santa Rosa de Lima, creo descubrir (Dios me perdone si me equivoco) cierta morosa delectación y cierta vehemencia de afectos, que me caen muy en gracia, porque yo, a pesar de mis cansados años, soy todavía poco severo, pero que tal vez censuren los varones timoratos y graves, aunque no se atrevan a declarar que las susodichas delectación y vehemencia se opongan a la verdad católica, ni a la moral cristiana, ni que las anublen siquiera en lo más diminuto.

Por otra parte, como usted no es menos vehemente y exaltado en sus amores y en sus alabanzas a otros objetos más altos y menos materiales que la mujer, me inclino a dar por cierto que hasta los más penitentes anacoretas perdonarán a usted lo que señalo, suponiendo que sea defecto o más bien exceso.

Dudo mucho de que haya argentino más patriota que usted, ni americano tampoco más amante de América: pero esto no entibia el amor de usted por la madre España. Sea prueba de este amor el siguiente elocuentísimo párrafo: «Saludadas Cádiz la pulcra, Jerez la laboriosa, Sevilla la poética, Córdoba la morisca, Valencia la fecunda, Barcelona la grande, Zaragoza la heroica, Madrid la histórica y coronada villa, cumple a mi lealtad declarar que América está envanecida de haber tenido por madre a la nación invicta que cantaba lo divino y lo humano con la lira de Lope y Calderón; pintaba lo místico y lo profano con los pinceles de Murillo y de Velázquez; esculpía el ideal de la eterna belleza con el cincel de Cano y Montañés; fustigaba las costumbres con la pluma de Cervantes y Quevedo, y clavaba el lábaro del Redentor y la pica de sus soldados en lo conocido y desconocido de la tierra».

Estos elogios, reconcentrados aquí sintéticamente para España, se derraman asimismo con profusión generosa sobre los artistas y escritores de nuestra nación y de nuestros días, y muy particularmente sobre Tamayo y Baus, Echegaray y Rafael Calvo.

Ni se crea por esto que usted es todo de almíbar. Si no lo amargo, lo picante de la sátira sazona con frecuencia los escritos de usted y pone relieve en varios cuadros cómicos o burlescos. El que se titula El convite Barrientos es un modelo en su género. Acaso exagere usted la caricatura para provocar más la risa, pero siempre se ve «la verdad, y, a pesar de la exageración, se reconoce la fidelidad de los retratos».

Los cuadros de costumbres y las descripciones de usted son casi siempre o divertidas o interesantes: y para nosotros tienen además el atractivo de lo peregrino e inaudito que se combina con lo familiar, castizo y propio: nos representan escenas, lances y actos, en un mundo distinto del cual el Atlántico nos separa, animados y ejecutados por personas, en parte extrañas también, pero que proceden de nosotros, hablan nuestro idioma y llevan nuestros apellidos y nuestra sangre.

Las obras de usted no son solo de mero pasatiempo y de crítica artística y literaria. Las hay que encierran muy sana y ortodoxa filosofía y que son didácticas y ricas en noticias y documentos de no corto valer. En mi sentir, lo mejor en este género es un elogio fúnebre del Pontífice Pío IX, donde pone usted toda la ardiente religiosidad de su alma; la vida de don Félix Frías, modelo de patriotas y de republicanos, ejemplo de caridad inagotable y dechado de fe católica; y por último, el estudio biográfico y la brillante apología que hace usted de su antepasado don Santiago de Liniers. A mi ver, así para todo español, como para todo argentino de corazón, este héroe es más simpático y admirable en su derrota y en su muerte que en medio de sus triunfos contra los ingleses, en 1806 y 1807; que en la expulsión de los ingleses de Buenos Aires y en la ulterior defensa de aquella plaza, hazañas tan hermosamente cantadas por Maury y por Gallego.

Liniers más motivo tenía de quejas que de gratitud al gobierno de España. Depuesto del mando se hallaba, cuando sobrevino la revolución, y fiel a su bandera como militar pundonoroso, se alzó en armas, en favor de la metrópoli y del rey contra los insurgentes colonos. Desbandada pronto la gente que acaudillaba, Liniers cayó en poder de los insurgentes, quienes le fusilaron en compañía de Allende, Moreno, Rodríguez y don Juan Gutiérrez de la Concha, capitán de navío y gobernador intendente de Córdoba de Tucumán. Antes de que los tiradores disparasen, dijo Liniers en alta voz: «Morimos orgullosos de nuestra fidelidad al rey y a España».

¿Cómo extrañar, por muy argentino y por muy republicano que usted sea, que se enorgullezca de la heroica vida y más heroica muerte de tan ilustre antepasado?

La más extensa de las obras de usted, si pudiera considerarse como una sola obra, serían los dos tomos de viajes; pero, en realidad, estos dos tomos contienen cinco obras distintas: el viaje de Buenos Aires a Santiago de Chile, pasando por Montevideo, Córdoba, Altagracia, la Pampa, Achiras, San Luis y Mendoza, y salvando los Andes; el regreso a Buenos Aires, embarcado, por el estrecho de Magallanes; la excursión a las Sierras del Tandil, con la descripción de la piedra movediza, monumento acaso de una edad remota, y parecido a otros que de tiempo inmemorial subsisten en nuestras regiones europeas, y por último, las dos obras, en mi sentir mucho más importantes, que llevan por título De Corrientes a Cumbarití y De Valparaíso a la Oroya.

De Corrientes a Cumbarití es un extraño escrito, pintura naturalmente poética de uno de los países más hermosos del mundo y documento histórico de grandísimo interés, ya que un testigo ocular describe en él, con vivos colores y conmovido acento, el fin de una guerra obstinada y sangrienta, en que el Paraguay quedó vencido. Son por cierto de admirar la devoción y la valentía de los paraguayos en defender su patria. He oído afirmar, y, aunque haya en ello exageración, es tremenda alabanza, que, al terminar la guerra, apenas quedaban a vida hombres de armas tomar en aquella república. Y es más admirable aunque fuera un tirano como el presidente López quien tan generoso entusiasmo infundiese.

Todo se explica, no obstante, cuando se considera la bondad, el brío, el candor y la condición enérgica y sufrida a la vez de los guaraníes, que constituyen la inmensa mayoría de aquel pueblo. Sobre tales prendas, que los guaraníes tienen por naturaleza, vienen a ponerse la severa disciplina de los jesuitas que los cristianizaron y el espíritu de obediencia que acertaron a inspirarles.

Al leer la sencilla y conmovedora narración hecha por usted de la tragedia, que puso término a la tiranía de López, acudí a leer de nuevo libros que ya tenía casi olvidados, para explicarme la mal empleada heroicidad de los paraguayos: para hallar sus antecedentes y fundamento.

El padre Antonio Ruiz Montoya escribió y publicó en Madrid, en 1639, su Conquista espiritual. En este libro se expone cómo fueron los guaraníes convertidos por los jesuitas. Otro padre tradujo el libro en guaraní, exornándole con más milagros. La traducción portuguesa del manuscrito guaraní, dada a luz por el literato brasileño Almeida Nogueira, nos ofrece la clave de todo. La aparición frecuente entre aquellos salvajes y la convivencia con ellos de ángeles y de demonios, y la repetida resurrección de difuntos, que venían a contar cuánto habían visto en el cielo y todas las delicias que allí se gozaban, y los tormentos espantosos y eternos del infierno, debieron de fanatizar aquellos ánimos sencillos predisponiéndolos a obedecer ciegamente a los padres, a fin de ganar la gloria y de no padecer penas tan atroces e interminables.

Acaso fue conveniente entonces aquel despilfarro de lo sobrenatural. Por él se logró infundir en los fieros corazones de los indios bravos la moral cristiana, y apartarlos de los vicios y de los crímenes y supersticiones de su pasada vida selvática. Por él, o sea haciendo prodigios, humillaron los padres a los payés o hechiceros, que también los hacían. Pero tal vez aquella educación religiosísima predispuso por demás a los indios a una docilidad y sumisión llenas de peligros, contribuyendo a hacer posible el advenimiento al poder del tremebundo doctor Francia.

Los jesuitas habían regimentado y subordinado la valentía de los indios, empleándola como un arma, contra españoles y portugueses.

Es casi seguro que tenían los jesuitas razón. Muchos de los primeros aventureros, que iban a América, eran unos desalmados, de aquellos por quienes pudo decir el poeta:

> La codicia en los brazos de la suerte
> se arroja al mar, la ira a las espadas,
> y la ambición se ríe de la muerte.

pero no era el medio mejor de amansarlos, y de procurar que los indios fraternizasen con ellos, el hacer que los indios formasen de ellos el concepto que expresan las siguientes palabras, tomadas de la traducción del manuscrito guaraní: «gente que solo cuida de hacer cosas ruines, que destroza y mata; y, si alguien quiere librarse en balde de ser su esclavo, es maltratado como animal».

Cobraron, sin duda, los indios recelo y odio contra los europeos, y así los jesuitas lograron que se prestasen para no pervertirse a vivir secuestrados de todo trato y comercio exterior y que tan valerosamente combatieran bajo el mando de ellos contra las armas de España y Portugal reunidas; contienda que sirvió de cuadro a uno de los episodios de la más graciosa novela de Voltaire y de asunto al bello poema de J. Basilio de Gama, inspirado cantor de Lindoya.

Sin duda esta educación jesuítica valió al doctor Francia para ejercer su tiranía inaudita cuando nuestras colonias se emanciparon.

No me atrevo yo a decidir si aquella paz ignorante, aquel aislamiento paraguayo y aquel despotismo del doctor Francia fueron peores que las incesantes guerras civiles, los pronunciamientos y contrapronunciamientos y los tiranuelos feroces que hubo en muchas repúblicas hispanoamericanas. Digo solo que el Paraguay progresó menos, aunque no hubo en él sacudimientos, ni trastornos: vivió tan aislado que nadie podía penetrar en él sin exponerse a quedar allí para siempre, como el sabio Bompland compañero de Humboldt: y que, muerto el doctor Francia, le sucedió el doctor López, manteniendo a los paraguayos bajo el mismo régimen, si bien con férula o vara menos dura.

Allá por los años de 1850, no sé quién persuadió a López, y López se dejó persuadir, de que debía abrir el Paraguay al comercio y trato humanos. Y López envió a su hijo a Europa de ministro plenipotenciario ubicuo, y de Europa fueron diplomáticos al Paraguay a celebrar tratados de comercio.

A no dudarlo, López quiso desde entonces para su patria cierto progreso y cierta ilustración, que se fuesen logrando con pausa. Con mayor fuerza de voluntad hubo de quererlo su hijo, que había viajado por Europa, y que heredó la presidencia de su padre.

Fuesen, pues, las que fuesen las causas de la guerra, que brasileños y argentinos hicieron al Paraguay, y cuya terminación, al espirar el año de 1869, usted tan elocuentemente describe, lo más que podrá afirmarse es que dicha guerra fue justa; que ni el Brasil ni ustedes la pudieron evitar; pero, francamente, yo no quiero considerarla un triunfo de la civilización y de la libertad sobre la barbarie y la tiranía; tiranía y barbarie hubieran acabado sin tanto estrago, aunque con mayor lentitud. No valía para adelantar aquellos bienes por algunos años pagar el adelanto con tal profusión de muertes, gastos y destrozos.

Aquí, en España, tenemos un libro muy divertido que retrata fiel y cándidamente, en mi sentir, lo que era el Paraguay bajo la presidencia o dominio del primer López. Si en España hubiese más afición a la lectura, el libro de que hablo sería muy leído: se hubieran hecho de él muchas ediciones. Quien le lee, ríe con gana y de veras de los lances, aventuras y observaciones del señor don Ildefonso Antonio Bermejo, autor del libro, que pasó en el Paraguay cuatro o cinco años al servicio del tirano. Cómicos y muy raros casos refiere, pero hay tal tono de buena fe, tan sincero y espontáneo estilo en todo, que ni por un instante asaltan dudas sobre la escrupulosa veracidad del relato.

Todo él, y más aún la gloriosa defensa que hicieron los paraguayos de sus hogares y aun del mismo tirano, nos los presentan como mucho más simpáticos que los que a fuego y sangre fueron a pulirlos, a libertarlos y a hacerlos felices y cultos. Reza un añejo y cruel refrán: la letra con sangre entra. Hay desventuras ineludibles. Ocasión se ofrece a cada paso de repetir la tan repetida exclamación virgiliana: Sunt lacrimae rerum; pero la verdad es que con tantas guerras y tan atroces como tienen ustedes en América desde que son independientes y libres, pierden ustedes no poca autoridad y crédito para vituperar las ferocidades de sus tatarabuelos los españoles que fueron a civilizar el Nuevo Mundo en los pasados siglos.

El horrible método de acabar con la tiranía de López y de llevar la civilización a aquella tierra fertilísima, arranca de su piadoso corazón de usted, entre otras, estas sentidas voces:

«Fermenta la putrefacción sobre una alfombra de flores marchitada por la pólvora. Cubre aquellos cadáveres, contraídos por los dolores, despedazados por la metralla o desfigurados por la corrupción, un cielo espléndido del cual parece descender la vida. La selva impenetrable, el árbol frondoso, el agua estancada, parecen exigir al hombre su fuerza y su inteligencia para cumplir la misión que Dios le confiara. Pero el brazo del hombre ha sido abatido por la espada. Su cuerpo corrompido yace mezclado con los corceles muertos en la batalla. Solamente Job, colocado en medio de la miseria y podredumbre de la muerte, podría cantar en términos apropiados la desolación del Paraguay.»

A estas y a otras no menos conmovedoras lamentaciones de usted solo tengo que añadir mi deseo de que la paz restaure las fuerzas y sane y cicatrice las heridas que han tenido ustedes que hacer al Paraguay para que sea libre y más civilizado. La obra de usted, que cito la última, De Valparaíso a la Oroya, es la mejor de todas, en mi sentir, o al menos la que me ha causado impresión más honda y más grata. Me parece amenísimo libro de viaje. El estilo de usted, animado, y pintoresco, tiene la fuerza de trasladar en espíritu al lector a los lugares que va usted recorriendo y que tan bien describe. Más de sesenta autores, antiguos y modernos, ha consultado usted para componer su libro. Cada uno de ellos informará más circunstanciadamente, ya sobre las antigüedades e historia del Perú, ya sobre su geografía, fauna, flora y demás recursos y naturales riquezas, ya sobre su industria y su comercio: pero pocos ofrecerán al lector un conjunto tan variado o interesante. Su trabajo de usted es principalmente el resultado de la inspección ocular y de sus recuerdos, los cuales, avivados por la fantasía y el talento del escritor, producen en quien lee la ilusión de que visita con usted aquel magnífico país. Son bellísimas las descripciones de Arequipa, del Misti, del Cuzco y sus ruinas, de la ciudad de los reyes, del valle de Lurín y del antiguo templo del Dios Pachacamac.

La pintura que hace usted del esplendor y florecimiento de Lima, la alegría de sus habitantes, la hermosura y gracia de sus mujeres, la riqueza de sus templos, la gala, el lujo y las joyas de su aristocracia, el tesoro artístico, en cuadros y antiguallas, que guardan el Museo Nacional, y las colecciones de los señores Ortiz de Ceballos y Dávila Condemarín, todo nos encanta y nos enorgullece a los españoles, ya que acertamos a fundar tan brillante colonia y a llevar a ella nuestra civilización y nuestras costumbres. Bastante nos apesadumbran y nos ponen contritos la consideración y la pena, que usted no deja de estimular, de las crueldades y actos vandálicos de Pizarro y los otros conquistadores: pero, sin poderlo remediar, tal vez para que sea menor el remordimiento colectivo, porque no quiero yo entrar en discusiones, nos sentimos inclinados a no creer por completo en tantas maravillas y en tantos bienes como se supone que hubo en el Perú, durante el imperio de los Incas. No me entra en la cabeza que hubiese entonces tantos millones de indios, hoy desaparecidos, ni menos que los indios que quedan sean más rudos y más miserables adorando a Cristo que adorando al Sol, al Inca su pariente y al Dios Pachacamac, sobre cuyo nombre, condiciones, atributos y naturaleza, se funda sutil teodicea. Mucho me inclino a sospechar que la tal teodicea ha sido mejorada y hermoseada por la imaginación de personas ilustradas de nuestra edad o por misioneros candorosos que quisieron descubrir en ella los rastros de la predicación de santo Tomás o de otro apóstol, que acertó a llegar hasta allí.

Si antes de los Incas, hacia el siglo X de nuestra era, habían tenido los peruanos escritura hieroglífica, esta escritura se había perdido en tiempo de los Incas, lo cual implica un retroceso en la cultura. Cuando la aparición de los españoles, solo había los quipos o nudos hechos con hilos de diversos colores. Por muy ingenioso que supongamos este arte y por muy hábiles y sagaces que fueran los quipocamayos o interpretadores de quipos, me parece que es menester sobrada buena voluntad y fe grande para aceptar como evidentes, gracias a los quipos, los datos cronológicos y estadísticos sobre la duración, riqueza y censo del imperio de los Incas y sobre la bienaventuranza de sus súbditos, antes de la feroz conquista española. En fin, sea como sea, el daño hecho está ya y no tiene remedio. Yo convengo en que los aventureros, que iban de España a las Indias solían ser unos desalmados, lo peor de cada casa: y convengo en que el padre Valverde era un fanático; un fraile trabucaire, como diríamos ahora. Pero, por amor de Dios, ¿no se resiste o repugna a todo recto juicio que matásemos a disgustos y a malos tratamientos a tantos millones de seres humanos? ¿Cómo creer que déspotas como Viracocha, Pachacutec, Yupanquí, Huayna-Capac y Huascar, hacían más dichosos a sus súbditos, fomentaban más la población, las ciencias, las artes y la prosperidad, que los gobernadores y arzobispos, enviados a Lima por los católicos reyes de España, entre los cuales arzobispos hubo santos y entre los cuales gobernadores o virreyes los hubo tan buenos y tan filantrópicos como el conde de Superunda?

Sin duda que los reyes de España eran despóticos también, pero ¿cómo habían de serlo tanto como los Incas?

En fin, la misma enormidad de la acusación que se nos hace, destruye toda su fuerza. Solo el apasionamiento y el afán de seguir las modas de París bastan a explicar que se crea que, en virtud de leyes paternales y protectoras de los indios, y yendo a Lima de virreyes hombres eminentes, de lo más ilustre por saber, nacimiento y servicios, Hurtados de Mendoza, Toledos, Castros, Fernández de Córdoba, Velascos y Portocarreros, exterminásemos

millones y millones de indios en poco más de trescientos años y convirtié-
semos el Perú en un desierto.

En resolución, yo entiendo, no solo por lo muy español, sino por lo muy
progresista que soy, que es tan absurdo y apasionado el suponer con sau-
dades un imperio de los Incas, maravilloso de bueno, cuya bondad des-
truyeron los españoles, como el imaginar una época de los Virreyes más
floreciente y feliz que la época actual, cuando emancipado e independiente
el Perú crece en población, riqueza y cultura, abre ferrocarriles que pronto
salvarán los Andes, y se dispone a ser a pesar de recientes contratiempos y
desgracias, una grande y poderosa república y a convertir a Lima en una de
las más bellas, populosas y espléndidas capitales del mundo.

Los capítulos sobre Chorrillos, que es el Biarritz, el Trouville o el Ostende
peruano; y sobre la quena, flauta, música y canto de los indios, son poéticos
y curiosos.

Todo el libro, en suma, nos hace formar claro y hermoso concepto del
Perú, en 1873, cuando usted le visitó. Ojalá que dentro de poco, en cercano
porvenir, se vean ya realizadas para el Perú todas las halagüeñas y fundadas
esperanzas que usted hace concebir y concibe.

Y aquí termino esta larguísima carta, no sin reiterar a usted mi cordial y
cumplida enhorabuena por la publicación de sus obras reunidas.

La religión de la humanidad

A don Juan Enrique Lagarrigue

I

Muy señor mío y querido amigo: Mi propósito de examinar y criticar la Circular religiosa de usted, publicada en Santiago de Chile el día 6 de Descartes del año 98 de la Gran Crisis, quedó apenas a medio cumplir o en suspenso, por culpa de mis grandes quehaceres, y de la dificultad de la empresa, superior sin duda a mis fuerzas. Impidió también que yo terminase aquel trabajo mi falta de fe en mí mismo, o lo desengañadísimo que estoy de mi literatura. Años ha que padezco esta enfermedad mental o manía, casi incurable, que excita a los hombres a escribir; pero jamás he creído en la utilidad de mis escritos. Mi justificación estaba y está, pues, en procurar que sean divertidos, y en que, ya que no instruyan al prójimo, le den agradable pasatiempo.

En España toda persona que lee sabe más que yo, y toda persona que sabe menos que yo, o no sabe leer tampoco, o no quiere fatigarse leyendo. Carezco, pues, de público a quien enseñar, pero, ¿por qué, me digo no ha de haber personas a quienes entretengan mis escritos? Por pocas que sean estas personas, de ellas hago mi público, y a ellas me dirijo.

Por lo expuesto comprenderá usted y disculpará en mí el tono de broma con que en mis cartas anteriores he tratado de las doctrinas de usted. Aun así no han faltado graves sujetos que me han reprendido por perder mi tiempo en exponer locuras, aunque sea para refutarlas. Todavía no he hallado a nadie que no califique de locuras las doctrinas que usted sostiene. Esto acabó de retraerme de seguir exponiéndolas y refutándolas.

En tal disposición de ánimo me encontraba yo, cuando recibí desde París, donde su hermano de usted, Jorge, reside, un libro de este apóstol de la humanidad, titulado Lettres sur le positivisme. El libro me venía dedicado con frases para mí tan cariñosas y lisonjeras, que hube de quedar a usted y a su hermano profundamente agradecido. Recibí después, con fecha 17 de Shakespeare del año 100 (25 de septiembre de 1888), una extensa carta (impresa en un folleto de 60 páginas), que usted me dirige sobre la Reli-

147

gión de la humanidad. Y he recibido, por último, con singular dedicatoria autógrafa, otra carta de usted a la señora doña Emilia Pardo Bazán, sobre el mismo asunto, escrita el día 2 de Arquímedes del año 101 (27 de marzo de 1889 de nuestra era), también en Santiago de Chile.

Contienen estos documentos, elegantemente impresos y escritos, unos en castellano y otros en francés, tan discretas y bien concertadas razones, tanta cortesía y tanto afecto amistoso para doña Emilia y para mí, que sería yo harto descortés e ingrato si no contestase con benevolencia.

Prescindo, pues, de lo que me dicen ciertos espíritus que presumen de superiores y de invulnerables para toda idea que ellos no consideren sensata, y voy a contestar a usted, teniéndole por sensato y cuerdo, y además por excelente, bondadoso y sabio.

Si yo hubiera de tener por locos a cuantos no piensan como yo y sostienen lo contrario, enteramente lo contrario, el planeta en que vivimos me parecería un manicomio. Lo más atinado, pues, y lo más caritativo, es pensar que todos tenemos juicio; que todos estamos de acuerdo en bastantes puntos, y que, si discordamos en otros, la discordancia es un bien, ya que sin ella no habría materia para escribir y para hablar, y nos aburriríamos de quedarnos callados, y se nos embotaría el entendimiento sin nada que le estimulase, aguzase y acicalase.

Remueve, además, los escrúpulos que me arredraban, atajando el correr de mi pluma, la consideración de que son pocos los escritores que escriben para revelar inauditas verdades. Harto sé que yo no he abierto nI

Abriré nuevos senderos
a la errante humanidad.

pero ¿por qué no he de solazarme un rato charlando con ella, o al menos con aquella mínima parte de ella tan desocupada y benigna que tenga vagar y paciencia para leerme?

Con este presupuesto, voy a contestar a la amable carta de usted.

Augusto Comte es el glorioso fundador de la secta que usted sigue, dividida hoy en dos o más iglesias. Suponer que hasta cierto momento de su vida Augusto Comte fue juicioso, y que fue atinado en cuanto dijo, y que después, con el mucho cavilar, se le descompusieron los sesos, y no acertó a decir sino disparates, se me antoja suposición arbitraria. O la locura de Augusto Comte está en toda su vida y en todos sus escritos, o no hay ni hubo tal locura jamás.

Para mí, tan desatinado es Augusto Comte al principio como al fin, pero yo respeto, aplaudo y admiro los desatinos cuando están hábilmente ordenados y entrelazados, e implican saber, entusiasmo e ingenio.

La grande obra del maestro de ustedes era «dar a la filosofía el método positivo de las ciencias, y a las ciencias la unidad de conjunto de la filosofía».

Cuando murió el maestro, el 5 de diciembre de 1857, sus discípulos y apóstoles aseguraban todos que, salvo ligeras imperfecciones, dicha grande obra estaba realizada: había filosofía positiva; ciencia y filosofía se habían compenetrado y formaban completa unidad.

Convengamos en lo uno; pero ¿cómo es posible convenir en lo completo? ¿No quedaba, fuera de lo sabido por observación y por experiencia, mucho de incognoscible o de incógnito? Mucho quedaba, y no me explico cómo no se ríe usted conmigo del donoso remedio que se ha buscado para este mal. Lo incógnito es incognoscible. La esfera del pensamiento humano se encoge y se achica para que solo quepa en ella el conocimiento verificado. Todo otro conocimiento se llama conocimiento imaginado. Se le da el título de absoluto o de ideal, y se le declara inaccesible.

Sea así. Vayamos más allá, si se quiere. Tratemos de suprimir lo absoluto, y no solo de declararlo inaccesible. Repitamos con Littré: «El universo nos aparece hoy como un conjunto, cuyas causas están en él mismo, y que llamamos leyes. La inmanencia es la ciencia que explica el universo por causas que están en él. La inmanencia es directamente infinita, porque, desechando tipos y figuras, nos pone en inmediata relación con los motores eternos de un universo ilimitado, y descubre al pensamiento estupefacto y extasiado los mundos lanzados en el abismo del espacio y la vida lanzada en el abismo del tiempo». Con más claridad y con menos pompa, esto significa que no hay Dios; que el mundo es eterno; que él mismo es causa y efecto; y que sin inteligencia crea inteligencia, sin voluntad ni saber impone leyes indefectibles, sin vida crea vidas, y sin ser persona produce personas. Fuera de lo absurdo, gratuito y pasmoso de tales afirmaciones clara se ve la contradicción en que

Littré incurre. Ni una sola de esas afirmaciones es conocimiento verificado; nace de observación, de experiencia, de lo que él llama filosofía positiva o ciencia pura. Luego es teología, aunque negativa: luego es metafísica; y al poner tales afirmaciones destruimos todo el sistema, y, en vez de sostener que pasó el período teológico y que paso el período metafísico, y que hoy estamos ya en el período científico, en plena edad de razón, volvemos a ser teólogos o metafísicos, aunque harto empecatados.

Yo no tengo en este punto que refutar a Littré: él mismo se refuta y se retracta, con más recto aviso, diciendo: «No conocemos ni el origen ni el fin de las cosas y no hay razón para negar ni para afirmar que haya algo más allá de ese origen y de ese fin». La doctrina o filosofía positiva no niega, pues, ni afirma a Dios. La naturaleza no vale para reemplazarle. «¿Quién es esa señora?» —preguntaba el conde José de Maistre. «Si la naturaleza significa el conjunto de las cosas que nos son conocidas, este conocimiento es relativo como ellas; es experimental, y deja fuera las regiones de lo incognoscible: y si la naturaleza es un poder infinito, autor y ordenador del universo, no hay saber positivo que halle al cabo de sus investigaciones ese poder, que por lo tanto debemos pasar en silencio. Experimentalmente no sabemos nada de la eternidad de la materia ni de la hipótesis de Dios.»

Ya se ve que Littré, en sus momentos más lúcidos, se declara neutral: ni afirma ni niega. Pone lo sobrenatural fuera de nuestro alcance; por cima de nuestro raciocinio. Pero, ¿no habrá otras facultades de nuestra alma, por cuya virtud se pueda llegar a él?

Yo veo que este positivismo agnóstico deja abierta la puerta a la imaginación, a la fe, a la intuición amorosa del alma afectiva, o quién sabe a qué otras facultades y potencias, para tender el vuelo y explayarse por ese infinito inexplorado, y apartar de él la desesperada calificación de incognoscible.

De aquí que, en mi sentir, por el positivismo de Augusto Comte podamos volver de nuevo a las más fervorosas creencias, como por el sensualismo de Condillac volvió a ellas el ya citado conde José de Maistre. ¿Quién sabe si en el extremo del positivismo agnóstico, o dígase del agnosticismo, no está ya cuajándose y brotando un misticismo flamante? En todo caso, esto sería lo que llama el vulgo salto atrás, y lo que llaman atavismo los doctos. Según usted asegura, y según aseguran otros autores, Augusto Comte se inspiró en el conde José de Maistre, éste en el teósofo Saint-Martin, y Saint-Martin en aquel español o portugués misteriosísimo que se firmaba Martínez Pascual, que escribió la Reintegración de los seres, influyó tanto en el florecimiento de los misticismos y teosofías del fin de la pasada centuria, y desapareció luego.

Como quiera que ello sea, fuerza es convenir en que el más ilustre discípulo de Augusto Comte fue Emilio Littré, y en que Emilio Littré, a la muerte del Maestro, aceptó la herencia a beneficio de inventario, repudiando notable parte de ella. Otros la recogieron y la aceptaron toda con plena piedad, y de aquí el cisma, que aún dura.

Para no confundirnos, llamaré al positivismo de Littré no religioso, y llamaré religioso al positivismo de usted y de los que como usted piensan. Bueno es, no obstante, que se entienda desde luego que el positivismo no religioso de Littré puede concertarse un día, si ya no se concierta en algunos espíritus, con religión verdadera, y aun con teosofía y aun con misticismo exaltado, mientras que en el positivismo de ustedes, con ese vano y absurdo fantasma de religión que ponen ustedes, es imposible e incompatible toda religión que tenga algunas condiciones de tal.

Hasta 1842, en que publicó Augusto Comte el tomo VI y último de su Curso de filosofía positiva todos los hombres que le siguen y pueden contarse por positivistas, con más o menos restricciones, correcciones o aditamentos, como el citado Littré, Herberto Spencer, Stuart Mill, Lewes, Taine, Robinet, Huxley y otros, creen que Augusto Comte estaba sano; pero ya, en 1845, empieza el período patológico de la vida del maestro. Su locura es evidente y declarada para todos los dichos sabios, desde 1851, en que publica el Maestro su Sistema de política positiva o tratado de sociología, instituyendo la religión de la humanidad.

Divididos así en dos el espíritu y la vida de Comte, tenemos un Comte loco y otro cuerdo. Los que le aceptan y glorifican hasta 1845 se consideran juiciosísimos, y declaran loco al Maestro durante los últimos doce años de su vida, y a todos ustedes, que le aceptan por completo, los dan por locos de remate, hablando sin rodeos y dejando a un lado las perífrasis y los eufemismos elegantes o científicos de que ellos se valen al formular la declaración.

Para el que, como yo, no es positivista, ni de una clase ni de otra; para el que entiende que no se acabó ya la teología, ni se acabó la metafísica a fin de que no haya más que ciencia, y para el que cree que toda ciencia es imposible sin metafísica y sin teología, tanto los positivistas no religiosos como los religiosos, se equivocan; pero, sin duda, en mi sentir, se equivocan más ustedes, los religiosos, sin que llame yo por eso a la equivocación locura, sino error o extravío generoso nacido de un noble y puro sentimiento que en balde han querido ustedes ahogar en el alma.

Yo no niego, además, que hay un procedimiento dialéctico en el pensamiento de Comte que no funda su religión porque sí; que su religión no fue lo que vulgarmente llamamos una salida de tono.

Lo que hay de más simpático en el positivismo es la crítica, a mi ver, imparcial, elevada, entusiasta y optimista con que juzga la historia, para marcar en ella el movimiento ascendente del humano linaje hacia la luz y hacia el bien pasando por los estados teológico y metafísico para llegar al científico al cabo. En este progreso, los positivistas declaran, y usted confirma, que la creación más grande del hombre ha sido la Iglesia católica, institución soberana del orden social, comunidad de los pueblos en una misma fe, organismo tan alto y benéfico, que, como usted asegura jamás puede desaparecer. Y añade usted luego: «Lo que sí sucederá es que se perfeccione». Y esta perfección fue muy extraña. Augusto Comte se convirtió en Padre Santo; apartó las personas reales de Dios y de la Virgen Madre, y puso en lugar de ellas, y usurpando sus nombres, dos figuras retóricas; y así fundó la religión de la humanidad o el catolicismo positivo.

¿Tienen alguna fuerza las razones que usted da en favor de su religión nueva; en alabanza de ese catolicismo perfeccionado? Yo entiendo que las razones de usted le destruyen por su base. «Augusto Comte —dice usted—, no podía instituir su doctrina en nombre de Dios, porque, dada la mentalidad de nuestro tiempo, no podía sentirse inspirado sobrenaturalmente. Hubiera faltado a la profunda sinceridad que le caracteriza.»

«Moisés y san Pablo —añade usted— influyeron grandemente en moralizar el mundo. Estos ilustres servidores de la humanidad fueron sinceros al atribuir a revelación divina los preceptos religiosos que dictó cada uno de ellos, porque sus respectivos medios sociales eran teológicos. En el medio social positivo que alcanzamos, creerse inspirado de Dios supondría una perturbación cerebral.»

A esto, y adoptando el severo criterio de usted, cualquiera podrá añadir que mayor perturbación cerebral supone aún, en el medio social positivo en que estamos viviendo, sin creerse inspirado por Dios, no solo negando su inspiración sino negándole a Él o desconociéndole, ponerse a fundar religión nueva. Cualquiera otra determinación parece menos disparatada. Y, sin embargo, la determinación de ustedes tiene excusa, una vez aceptado el positivismo hasta donde Littré le acepta.

El remate de su doctrina oficial es como un punto elevado, resbaladizo, con abismos por todas partes, donde se exige al positivista que se tenga en equilibrio, y donde el equilibrio no es posible. Es necesario caer en alguno de esos abismos.

No es dado quedarse sin negar ni afirmar la materia eterna o Dios. El positivista cae del escollo en que se ha encaramado aunque se agarre con las uñas, a fin de no caerse, a los preceptos de Littré, declarándose, con modestia, incompetente para decidir sobre tales asuntos.

Lo más común es que caiga en el materialismo y en el ateísmo. Littré cae con frecuencia, como se lo prueba Caro en el extenso libro que ha escrito sobre él, y al que me remito. Y cae también la turbamulta de positivistas franceses, ingleses, alemanes y españoles, que con más o menos pudor y disimulo van a seguir la bandera de Büchner, de Moleschott, de Carlos Vogt o de Haeckel.

El señor Menéndez y Pelayo, que ha estudiado bien todo esto en sus Heterodoxos, trae larga lista de secuaces del positivismo en España, y apenas hay uno que se haya quedado en la neutralidad modesta y antimetafísica: casi todos caen en el materialismo, descollando entre ellos el catalán Pompeyo Janer. Hasta los antiguos y nebulosos krausistas, empezando por don Nicolás Salmerón, han venido a dar en el positivismo en los últimos tiempos; pero todos estos positivistas españoles pertenecen a la secta no religiosa. Menéndez y Pelayo, cuya diligencia y erudición son admirables, solo nos cita dos positivistas españoles religiosos: don José Segundo Flórez y el naturalista cubano don Andrés Poey, ninguno de los cuales debe haber fundado iglesia entre nosotros. Si la ha fundado, estará escondida en tenebrosas catacumbas, cuando Menéndez y Pelayo, que todo lo escudriña, no ha dado con ella. Lícito es, pues, afirmar sintéticamente que en España no hay positivistas religiosos. La religión de la humanidad, no hace prosélitos por aquí. Estéril y desairada misión me parece esa que usted y su hermano quieren confiarnos, a doña Emilia Pardo Bazán y a mí, de ser en España los apóstoles de la religión de la humanidad: el Santiago y la santa Teresa de esta nueva creencia.

Las lisonjas, amonestaciones y consejos de usted son cantos de sirena, a los cuales doña Emilia y yo debemos tabicar con cera los oídos, imitando al prudente Ulises, Si los oyésemos, si nos dejásemos seducir, iríamos a parar al cómico martirio, no de la hoguera, no de la degollación, no de la estrangulación, sino de las silbas y de las burlas. España está muy hundida en el negativismo; como usted le llama: y no hay quien la saque de él a tres tirones. Lo que dice usted a doña Emilia es para deslumbrar a cualquiera, pero ella no es un cualquiera y no se dejará deslumbrar. Usted le dice, entre otras cosas: «Anhelo que revele usted la religión de la humanidad a las nobles españolas, sus compatriotas; que las haga influir en la conversión de sus padres, de sus esposos, de sus hijos descaminados en el negativismo; que convierta usted misma, exhortándolos fuertemente, a varios de los esclarecidos varones de España, para que se pongan al servicio de la grandiosa doctrina con la que tanto pueden enaltecer a su patria y al mundo entero; que su palabra circule radiante de unción, no solo por la península Ibérica, sino también por toda la América española, infundiendo convicciones tan sublimes como inquebrantables: que su santa y vigorosa elocuencia invada a París para concurrir a la regeneración definitiva de la gran ciudad por la cual se modelan todas las naciones; y que, cuando llegue la hora solemne de su transformación personal de la vida objetiva a la vida subjetiva (pasar de la vida objetiva a la vida subjetiva equivale a morirse entre los profanos), experimente usted el inefable goce de haber trabajado de todo corazón y con todas sus fuerzas por la religión universal, y pase a incorporarse, resplandeciendo con eterna aureola, en la humanidad, nuestro verdadero Ser Supremo, desde cuyo glorioso seno continuaría usted guiando almas con el inolvidable ejemplo de su abnegada labor, y con sus virtuosos y magistrales escritos».

En medio del entusiasmo, de la elocuencia, del profundo convencimiento de usted, doña Emilia no podrá menos de reconocer la inanidad de sus promesas y lo inconsistente de ese Ser Supremo, en cuyo seno usted la coloca, y lo falso de su eternidad, ya que el día menos pensado se seca la Tierra, como parece que se secó la Luna, o se apaga el Sol, o se cae en él la Tierra, u ocurre a la Tierra cualquier otro percance, y el Ser Supremo, inventado por Augusto Comte, tiene lastimoso fin, con toda la ciencia, con todas las invenciones y con todos los primores, y con todas las filosofías, más o menos positivas, que ha ido confeccionando en unos cuantos siglos.

Caro, en su libro sobre el positivismo, amenaza también a ustedes con la fin del mundo para demostrar la falsedad y la vanidad de la religión del progreso. «Entonces, el hombre y su civilización, sus esfuerzos, sus artes y sus ciencias, todo habrá sido. Todo perecerá con la vida de nuestro globo; y, si no queda en alguna parte un pensamiento que recuerde, y conciencias que recojan los resultados de tantos sacrificios, la tal religión del progreso es la burla más cruel del pobre animal humano, a quien inútilmente se ha turbado en su miserable dicha, y se ha espoleado para que corra en pos de quimeras y de perfecciones cuyo término es la nada.»

Lo cierto es que, para evitar estos tropiezos y sostener el progreso indefinido en toda su grandeza, el positivismo vale poco, y es mil veces mejor el perfeccionismo absoluto del señor Dosamantes. Con los cuerpos fluidos, dotados de la virtud de lanzarse a otros mundos, chico inconveniente sería que éste se hundiese o acábase. Nos pondríamos en salvo y nos iríamos a planetas más bellos y más cómodos, diciendo: Ahí queda eso, como dicen que dijo el cura de Gabia.

No hay, con todo, medio alguno de que ustedes acepten ni cuerpos fluidos, ni nada que sea equivalente. Son ustedes tan materialistas y tan ateos como el que más. La religión de la humanidad es solo poesía sin sustancia y delirio vano. Como únicamente puede comprenderse la religión de ustedes es como uno de los mil arbitrios, el más ineficaz, a mi ver, a que apelan los pensadores de nuestros días, cuando, después de destruir la realidad superior e invisible dentro de lo conocido, buscan lo ideal, y hablan de él y quieren rendirle adoración y culto.

Todo otro arbitrio para poner lo ideal, es, repito, más eficaz que el de ustedes. Aun suponiendo que la razón, la mentalidad del siglo XIX como usted la llama, no logre columbrarle, ¿por qué hemos de negar que no logren columbrarle otras facultades del alma humana, y que no le vean y reconozcan, no solo como ideal, sino como real, con limpia, clara y refulgente realidad objetiva, cuya luz acabe por penetrar en el universo concebido por la ciencia, y encerrado por ella en cárcel sombría, y al fin le ilumine y le explique?

Yo confieso que no pocas de estas tentativas de realizar lo ideal, y de traerle al mundo de la ciencias y de iluminar con él sus tinieblas, me son simpáticas, por disparatadas que sean. Por esto me hacen tanta gracia el perfeccionismo absoluto del señor Dosamantes, el espiritismo, el budismo esotérico y otros sistemas así. Hay varias escuelas de ateísmo, todas, por desgracia muy florecientes ahora. Si sus principios no se hubieran infiltrado en las almas de mucha gente vulgar, que no ha estudiado nada y que filosofa sin saber que filosofa, y como por instinto, apenas tendría yo excusa para hablar de estas cosas con ligereza, y sin detenido estudio y reposo; pero yo, al discurrir sobre esto, no voy a revelar lo que se afirma en las cátedras y entre los muy doctos, sino que voy a tratar de ideas que corren y se difunden por las calles y por las plazas, que penetran en la vida social e influyen en ella.

Aunque se me tilde de impropiedad en el lenguaje porque en lo falso y en lo absurdo no quepa más ni menos, yo empiezo por creer que, siendo absurdas todas las negaciones de Dios, hay unas más absurdas, y menos absurdas otras.

Si el mundo es un valle de lágrimas sin esperanza en otra vida mejor; si todos los seres padecen; si la injusticia triunfa; si el orden físico y el orden moral no existen y sí no hay más que desorden, como no hemos de suponer un poder infinito que se complazca en el dolor y en la miseria, ni tampoco hemos de fingir para soberano ordenador del mundo un ser benigno,

pero sin fuerza y sin saber que basten a remediar lo malo, o, mejor dicho, a no haberlo hecho, parece legítima consecuencia la negación de Dios. Lo falso está en las premisas, prescindiendo ahora de lo misterioso e inexplicable de que los seres obedezcan a ciertas leyes, aunque sean inicuas, sin que haya legislador que dé esas leyes; de que salga la conciencia de lo que no tiene conciencia, y de que brote un prurito certero y una voluntad eficaz de ser, sin persona donde la raíz de este prurito y de esta voluntad resida.

Con todo: yo creo que el ateísmo pesimista de Leopardi, de Schopenhauer y de Hartmann, es el menos desatinado: hay en él no poco del budismo transplantado a Europa. Pero cuando sostenemos que todo está divinamente concertado; que todo concurre y se encamina a la perfección de modo indefectible, se comprende mucho menos que nadie sea ateo.

Augusto Comte, a mediados de este siglo descubrió y explicó las leyes por cuya virtud el linaje humano va encaminándose a una sublime y noble bienaventuranza a través de los períodos teológico, metafísico y, por último positivo; pero estas leyes que descubrió Augusto Comte estaban ya promulgadas y eran obedecidas desde el principio o desde la eternidad; luego hubo inteligencia que las dictó y poder que las hizo obedecer desde entonces. Tan acertadas y bienhechoras leyes no las dictó ni las impuso el Gran Fetiche, que es la tierra que habitamos, ni el Gran Medio, que es el espacio en que la tierra se mueve, ni la Virgen Madre, que es la humanidad, nacida en virtud de estas leyes. El Ser Supremo positivista es uno y trino: es un compuesto del Gran Medio, del Gran Fetiche y de la Virgen Madre; pero tampoco da las leyes: se limita a obedecerlas y a irse encaminando así a la perfección.

Claro se ve que esta religión positivista es absurda para los teólogos y para los metafísicos; pero, digo la verdad, no comprendo el enojo, las burlas y las protestas contra ella de los positivistas no religiosos. A mi ver, ustedes son tan lógicos como ellos, y además son más amenos. Con semejante fantasmagoría o camelo de religión no se invalida ni se desnaturaliza la doctrina del Maestro. Ni ustedes vuelven a restablecer los agentes sobrenaturales del período teológico ni lo que llaman ustedes abstracciones realizadas del período metafísico, como Dios, esencia y causa: ustedes se limitan, para recreo y hechizo poético de los hombres, a personificar cosas harto reales y visibles, que no tienen nada de abstracción, a saber: el universo todo, el planeta en que habitamos y cuantos animales racionales le pueblan, considerándolos en su conjunto.

No acusaré yo a ustedes de inconsecuentes, como otros los acusan, calificando su religión en lo tocante al culto de los héroes, de paganismo; y en lo tocante a la devoción fervorosa a las mujeres, de plagio de la devoción a la Virgen María de los católicos. No deroga la religión de ustedes, que no es religión, la ley positivista que hace de la religión el grado ínfimo en el desarrollo intelectual de los hombres. La religión de ustedes es un objeto artístico, un primor, un adorno, de mejor o peor gusto, pero que, en lo esencial, ni quita ni pone.

No hay que decir que yo no creo en la afirmación de Augusto Comte. Yo creo lo contrario. La religión es inmortal, es indestructible como ciencia y como sentimiento. Desde todos los puntos, desde aquellos que más distantes nos parecen, y por todos los caminos, cuando más pensamos apartarnos de la religión, de la metafísica y de la teología, volvemos a ellas, sin poder evitarlo. Si algún valor tiene la religión de ustedes, es el de la sombra, el del espectro, que distrae y fascina y tal vez impide a ustedes o ver la verdadera religión que penetra en el positivismo, o salir a buscarla, desde el seno de ese positivismo, siguiendo sus métodos, y apoyándose en él y tomándole como punto de partida.

En contraposición a la vana religión de ustedes, he de permitirme decirles algo, dado lo poco que sé y creo penetrar, de los esfuerzos y tentativas para recobrar la religión verdadera y para hacer de ella una ciencia positiva en el seno del positivismo, completando así la enciclopedia de Augusto Comte, y añadiendo a sus seis ciencias, que se siguen y encadenan, otra más alta que es la teología.

Bien puede asegurarse que Herberto Spencer ha mejorado y perfeccionado el positivismo, creando la filosofía de la evolución, por cuya virtud trata de explicarlo todo. Lo que se queda por explicar, o es lo incognoscible en sí, o la acción de lo incognoscible. Tenemos, pues, lo incognoscible fuera de la ciencia; pero algo es, ya que, al afirmar que no se deja conocer, lo afirmarnos.

De esta suerte Herberto Spencer, que procede al principio como Augusto Comte, considerando la religión como superstición y puerilidad, vuelve reflexivamente a la religión después de haber recorrido toda la ciencia. Herberto Spencer funda esta segunda religión reflexiva, la religión de lo incognoscible, y aun la pone por cima de toda la ciencia: inexpugnable, invencible e indestructible.

«La omnipresencia —dice— de algo superior al entendimiento humano, es una creencia común a todas las religiones. Nada tiene que temer esta creencia de la lógica más severa. Es una verdad última de la mayor certidumbre, una verdad sobre la cual las religiones todas están de acuerdo, y está de acuerdo igualmente la ciencia. Hay un poder impenetrable, del cual es manifestación el universo.»

Fundada así la religión agnóstica, ya, según he leído en varios libros, hay en Inglaterra positivistas que han formado Iglesia para dar culto a este incognoscible, escondido siempre y presente siempre en todo. En el fondo de todos los fenómenos físicos y morales está lo incognoscible, está lo que nosotros llamamos Dios, y esto es lo que adoran.

Para Herberto Spencer, tiempo, espacio, causa, sustancia, movimiento, espíritu, son términos ininteligibles y llenos de contradicciones.

No sabemos más que enlazar algunos fenómenos según la ley de continuidad. Resulta, pues, al último extremo del empirismo baconiano y del positivismo comtiano, un profundo misterio religioso. Detrás de cada objeto, en el centro de cada cosa, en nosotros mismos, está lo incognoscible, y todo es efecto de su perpetua e incesante operación divina.

Apenas hay filósofos que no se contradigan, y Herberto Spencer no es excepción de la regla. Al lado de la modestia con que declara que casi no sabe nada, viene la inaudita y temeraria pretensión de explicarlo todo con su evolución universal. Empieza por la nebulosa primitiva, y, desde ella, con su evolución, nos va creando los astros, los fenómenos geológicos, la aparición de la vida, y luego el progreso de plantas y animales, y, por último, el desarrollo de la sensibilidad y de la inteligencia, las artes, los oficios, el saber, la formación de las sociedades, y su florecimiento y sus adelantos.

Lo cierto es que, supuestos lo incognoscible y su perpetua operación divina, con decir será lo que Dios quisiere, estamos al cabo de toda dificultad, y no hay para qué calentarse la cabeza. Pero es lo malo que, al pretender explicarlo todo, como si hubiésemos arrebatado su secreto a lo incognoscible, incurrimos en dificultades nuevas. Aunque Dios, lo incognoscible, pudo hacer las cosas de mil modos distintos, que nosotros ni comprendemos ni imaginamos, desde el momento en que afirmamos que las hizo de un modo, tal vez incurrimos en error, y el error queda patente si se prueba que de ese modo no las hizo.

Así entiendo yo que el sistema de la evolución universal de Herberto Spencer queda refutado por un libro de un discípulo del señor Pasteur, llamado Dionisio Cochin. El libro se titula La evolución y la vida, y recomiendo a usted su lectura.

Acaso, leyéndole, venga usted a convencerse, como yo me he convencido, de que no hay una sola evolución, sino de que ha habido tres, o dos por lo menos. Con la materia primera, y con leyes matemáticas, físicas y químicas, por mucho que se haya evolucionado, no ha podido aparecer la vida. La vida no se explica sin los gérmenes, sin otra intervención de lo incognoscible, sin algo como nueva creación, que marca nueva era y el principio de evolución más alta. Y no vale salvar la dificultad como la salva Sir Guillermo Thomson, imaginando que cayó en nuestro planeta un pedazo de astro viejo, todo cuajado de microbios. Esto sería trasladar la dificultad a ese astro viejo; endosársela, pero no resolverla.

Con la aparición de la conciencia, del entendimiento, del ser humano, ocurre lo mismo.

Entre lo que vive y lo que no vive, entre lo que piensa y lo que no piensa, no hay término medio; no hay eslabón que enlace la cadena y acredite como evidente la ley de continuidad. De la sustancia viva más imperfecta a la sustancia sin vida más hermosa y rica, al diamante, al cristal, al oro más puro, hay un abismo. Y desde el más grosero pensamiento al instinto más perfecto del animal, hay otro abismo también. Fuerza es, pues, admitirla solución de la continuidad de Herberto Spencer, y tres evoluciones en vez de una: la de la materia inorgánica, la de la vida y la de la conciencia.

Ignoro si un señor llamado Enrique Drummond, es inglés, o yankee. Solo sé que, estando yo en los Estados Unidos, apareció allí y se puso muy en moda un libro suyo, impreso en Boston, que se titula Leyes naturales en el mundo espiritual.

Aunque yo, según he confesado, sé poquísimo, y no tengo la pretensión de enseñar, y solo escribo para divertirme y divertir, si puedo, a quien me lea, todavía, sin pasar de mero aficionado a sabio, tengo mis opiniones arraigadísimas, contra las cuales nada prevalece. Y una de estas opiniones es que el método empírico sirve para explicar los fenómenos y sus relaciones: para clasificar los seres y ponerlos como en un casillero; mas no para explicar las causas y elevarse a la metafísica, previamente desechada. Así, pues, yo considero falso el pensamiento fundamental de Enrique Drummond, y yo considero irrealizable su intento.

Sin embargo, el intento de Enrique Drummond es tan sano y tan sublimemente benévolo y el arte y el discurso con que le realiza son tan ingeniosos, que no puedo resistir a la tentación de hacer aquí un extracto de su sistema.

Así verá usted como la mentalidad, en este tercer período histórico llamado positivo, no excluye la religión ni la teología, sino que desde el seno del positivismo, y por métodos positivistas, volvemos a ellas. Y volvemos, no ya solo a una religión metafísica, a una teología natural o teodicea creada por el discurso, sino a la religión revelada, cristiana, positiva y católica.

Usted y su hermano, que son tan entusiastas y tan devotos de san Pablo, de santa Teresa de Jesús y de san Ignacio de Loyola, quién sabe si cuando vean que, sin dejar los carriles del positivismo, pueden llegar con Enrique Drummond a creer en lo que creyeron dichos santos, no acabarán por abjurar de esa religión de la humanidad, sin más Dios que la humanidad misma, y por volver al Catolicismo, el cual, dado, como yo creo, que la religión no ha concluido ni concluirá nunca, es la verdadera religión de la humanidad: la religión definitiva. Pero tratar de esto requiere bastante extensión y capítulo aparte.

II

En estos últimos días he recibido un nuevo folleto de usted (segunda carta a don Zorobabel Rodríguez), por el cual veo que sigue usted predicando su religión de la humanidad, aunque asegura que no quiere polémicas. Yo no las quiero tampoco: pero necesito exponer las razones principales que me mueven a no convertirme, como usted me aconseja en la extensa carta que me escribió; y además, esto me da ocasión para discurrir y cavilar sobre la irreligión del día, sobre eso que usted llama la mentalidad del período positivo en que estamos, mentalidad que se opone, según usted, a que creamos en nada sobrenatural, por donde san Pablo, san Francisco de Asís, san Ignacio de Loyola, y todos los mejores santos del calendario, y todos los más nobles y generosos héroes de la historia, no creerían en Dios si viviesen ahora, y solo a la humanidad darían adoración y culto.

Es innegable que el materialismo, el ateísmo y el positivismo, que es un ateísmo disimulado y vergonzante, florecen demasiado en el día, pero los positivistas y ateos se engañan en imaginar que el mundo es ya de ellos, y que esta edad es la de la razón, y que la de la fe pasó para siempre.

Yo creo que estamos en plena edad de fe, y que, si el perderla implicase progreso, de poco progreso podríamos jactarnos.

Todavía, a mediados de este siglo, en 1847, ha aparecido en Persia una religión nueva que ha hecho correr la sangre a ríos, y ha dado al mundo millares de mártires. La moral de esta religión es purísima y dulce; sus libros sagrados, muy poéticos; su creencia y su amor en Dios y a Dios, profundos. El conde de Gobineau y el señor Franck, del Instituto de Francia, han expuesto su doctrina y escrito la historia de esta religión reciente, el babismo, cuyo dogma capital es la encarnación perpetua de Dios en diez y nueve personas.

Se me dirá que esto ocurre en Persia, que es tierra de bárbaros; pero que en la culta Europa y en las otras regiones, por donde su civilización se ha difundido, no caben ya semejantes delirios.

Nada más arbitrario que tal suposición. En pocas edades han aparecido más profetas y fundadores de religiones que en el día. Básteme citar al conde de Saint-Simón, a los polacos Wronski y Towianski, a los yankees Channing, Parker y José Smith, y al francés Hipólito Rodríguez, sin duda israelita de origen, que aspira a crear la religión universal y definitiva, combinando y reconciliando las tres hijas de la Biblia, las religiones de Moisés, Cristo y Mahoma, e interpretando con piedad profunda el apólogo famoso, de Natán el Sabio.

Harto sé que se me dirá que todos estos flamantes profetas estaban locos de atar; pero veamos, por otra parte, cómo sigue reinando el espíritu religioso, y habrá que decirme que está loco todo el humano linaje, o habrá que confesar que la religión, la fe y la creencia en Dios son indestructibles.

No voy a citar a ningún padre de la Iglesia, ni a ningún apologista católico, sino al señor Vacherot, el cual entiende que Dios no existe sino en nuestra mente, que es nuestra hechura, y que desaparecerá con nosotros. Dios, sin embargo, para el señor Vacherot, está muy lejos de desaparecer.

En su libro La religión, presume este autor que la religión pasará; que el linaje humano dará al cabo el salto progresivo del estado religioso al estado científico; pero ¿quién sabe? El día en que se dé este salto, está aún a millares de años de nosotros.

Mis libros están tan en desorden, que he andado media hora buscando uno muy divertido para citársele a usted con exactitud (a este propósito), y no he podido hallarle. Sea todo por Dios. Es este libro de un sabio francés, no recuerdo el nombre, el cual asegura que La humanidad, considerada en su vida colectiva, no ha nacido aún. Para este señor, el Ser Supremo de Augusto Comte es un Dios nonato. La humanidad, según sus cálculos, nacerá dentro de catorce mil años, si mal no recuerdo. Compaginando esto ahora con lo que dice Vacherot sobre el salto del estado religioso al científico, me atrevo a prever que el tal salto no se hará hasta dentro de los mencionados catorce mil años.

Por lo pronto tenemos a casi todos los hombres aferradísimos a la religión, y, por consiguiente, incapaces de elevarse a la vida colectiva.

«Si tendemos la vista —dice Vacherot—, por el inmenso imperio de las religiones, en pleno siglo XIX, este espectáculo desanimará a los libre pensadores, que esperan o creen llegado el reino de la razón en nuestro planeta, y tranquilizará a los creyentes, asustados con las conquistas de la incredulidad, en los tres últimos siglos.»

En efecto: Vacherot echa sus cuentas, tomando los datos del primer libro de geografía o de estadística que tiene en casa, y resulta que de mil doscientos millones de seres humanos, que pueblan el mundo, casi todos profesan alguna religión. Hay centenares de millones de cristianos, de budistas y de muslimes; y, lo que es más de lamentar para los filósofos, hasta las más antiguas supersticiones, sectas y religiones semiselváticas, persisten aún. El fetichismo y el chamanismo conservan millones de sectarios.

¿Dónde está, pues, esa mentalidad, propia de la época, y que tan resueltamente prohíbe, no ya seguir una religión positiva, sino creer en Dios racionalmente?

En la carta que usted me escribe, en las que escribe a doña Emilia y a don Zorobabel, y en todos los otros escritos, habla usted de dicha mentalidad; pero ni me la enseña, ni yo la veo.

Lo que yo veo y lo que ve todo el mundo es que, enfrente de la inmensa turba de creyentes, apenas habrá, esparcidos por toda la faz de la tierra, unos cuantos miles de librepensadores incrédulos.

La mentalidad de que usted habla no es, pues, general. Debe quedar reducida a los sabios y filósofos, o, mejor diremos, a los sabios solo, ya que usted no admite tampoco, en estos tiempos, la filosofía especulativa o metafísica. Significa, sin duda, la tal mentalidad, que la ciencia y la religión son incompatibles en el estado de progreso a que la ciencia ha llegado.

Si la ciencia se divulga, la incredulidad, sin la cual no hay ciencia, también debe divulgarse.

Supongamos ahora que los pueblos bárbaros del Oriente inmóvil, y que las turbas rudas y sin ciencia de Europa y de América, y los semisalvajes de África, todos religiosos, a su modo cada uno, no deben contar por nada, y que el porvenir y los destinos del género humano dependen de los sabios, que casi todos viven en las grandes capitales. ¿Cuándo lograrán estos sabios difundir por donde quiera su mentalidad, como usted la llama?

Lo más raro que hay en el caso es que muchos de esos sabios, aun de los más incrédulos, no desean que la incredulidad se divulgue, y hasta tienen miedo y horror a que el vulgo llegue a ser tan incrédulo como ellos. Unos miran la religión como freno para las turbas ignorantes y codiciosas; otros, como consuelo para los tristes, menesterosos y desvalidos. De aquí que muchos sabios de éstos se pongan muy sentimentales y melancólicos de matar la fe, después de soñar con que acaban de matarla. Ernesto Renan es de los melancólicos, si mira la religión como consuelo. Si la mira como freno, inventa mil diabluras, que parecen desatinos, para refrenar al vulgo de otra suerte.

En uno de sus diálogos propone que la ciencia vuelva a ser oculta, y que los sabios formen algo como colegios sacerdotales, para que cuando el pueblo se subleve y haga alguna barbaridad, los sabios, que sabrán ya más que ahora, castiguen al pueblo con una buena peste, o con terremotos, o con inundaciones, o con lluvias de fuego, o con otras plagas.

Interminable y enojosa tarea sería citar aquí textos de autores racionalistas que se lamentan y aterrorizan de que el vulgo se vaya racionalizando. Suponen que, perdida la fe, no adquirirá en cambio la ciencia, y se lanzará desbocado a satisfacer sus bestiales apetitos. El citado Vacherot manifiesta repetidas veces y muy elocuentemente estos temores. Tenemos, pues, no corta cantidad de sabios incrédulos que se inclinan a que sea la incredulidad exclusivo privilegio de los sabios. Por un lado, matan o creen matar toda creencia religiosa en los libros que componen, y por otro lado, deploran con amargura que las creencias mueran. Se parecen a aquel rey de un cuento oriental, que había dado su palabra real de decapitar a cuantos se pusiesen a adivinar cierto enigma y no le adivinasen. Los alrededores de la gran capital del referido rey estaban llenos de cabezas cortadas, colocadas en sendos postes; pero, como el rey tenía muy compasivo y buen corazón, no hacía más que llorar por aquellas muertes de que él mismo era causa, para no faltar a su palabra.

Convengamos en que son dignos de risa los incrédulos llorones. Si es ilusión, si es mentira todo lo trascendente y divino, ¿por qué llorar su pérdida? El sabio, que consagra su vida a la verdad, ¿cómo puede figurarse que la verdad sea nociva y funesta? ¿Cómo da por cimiento a la ventura de sus semejantes, a su moralidad y a su bondad, el error, el engaño o la falsía?

Los positivistas ortodoxos como usted, y no pocos sabios incrédulos de otras escuelas, son en este punto más lógicos. Para unos, toda religión ha sido siempre contraria a la moral, a la dicha y al progreso; para otros, ha sido toda religión utilísima, indispensable, hasta hace muy poco, para todos esos altos fines; mas para todos ellos toda religión es perjudicial en el día, salvo la meramente alegórica que ustedes han inventado.

No negaré que ustedes se contradicen menos; pero son ustedes pocos, y no todos muy firmes en su opinión. Al fundar la moral, sin el sostén y la base de una metafísica o de una doctrina religiosa, tocan ustedes la dificultad; y a menudo vacilan. A veces salen ustedes por el registro que menos se prevé. Pondré de ello un ejemplo curiosísimo y algo chistoso.

El señor Guyau ha escrito una obra titulada La Irreligión. Para él consiste el venturoso porvenir de nuestra especie en que la religión se acabe, y casi la da ya por acabada. Sin dificultad, a su ver, y del modo más llano, establece este sabio una moral excelente. Todo el orden social no solo le explica, sino que le crea, como explicaba Laplace el orden del universo, sin la hipótesis de Dios; pero aquí vienen los apuros; donde menos se piensa salta la liebre. Los hombres ilustrados e irreligiosos querrán tener pocos hijos que mantener y educar, y las mujeres ilustradas e irreligiosas apenas querrán parir alguno que otro. Entretanto, las gentes ruines e in doctas, las razas inferiores, echarán al mundo con desmedida profusión infinidad de chiquillos. Por lo cual teme el señor Guyau que el linaje humano degenere; que los sabios disminuyan; que los pueblos más cultos, como Francia, se enflaquezcan y pierdan población, y que los negritos u otros salvajes lo llenen y dominen todo. No recuerdo si el señor Guyau arbitra algún recurso para salvar esta dificultad; pero el caso es que la pone.

Y no es de maravillar que ponga una sola, sino que no ponga muchas. Lo que es yo, por más que medito, no veo posible la moral, sin religión o metafísica que la sirva de base.

Prescindamos de toda revelación sobrenatural; no prestemos crédito sino a los dictados de nuestra razón; pero, aun así, si no afirmo un Dios legislador y hombres con alma responsable, con libre albedrío, capaces de vencer las naturales impurezas y de sobreponerse a los malos instintos para realizar la justicia, el bien y la caridad en el mundo, aun en contra de sus propios intereses, no veo que pueda fundarse racionalmente moral alguna.

Cierto que el gran crítico Lessing separa el dogma cristiano de la moral de Cristo, como hacen ustedes. Para Lessing, la moral es independiente del dogma: independiente de ésta o de aquella determinada metafísica o teología; pero Lessing no destruye por eso toda teología y toda metafísica; antes pone como cimiento firmísimo de la moral una metafísica perenne en sus principios radicales, una teodicea natural, que afirma a Dios, omnipresente en el universo, causa del orden y del progreso, revelándose gradualmente y educando al linaje humano por medio de sucesivas revelaciones. La religión natural, la metafísica perenne, aunque progresiva, no es para este sabio obra del natural discurso solo, sino del natural discurso con auxilio y revelación de Dios.

Ya ve usted cuánto dista Lessing de los positivistas de ahora. El género humano progresa y se educa, guiado por Dios, y, si Dios le deja de su mano, ni se educa ni progresa.

¿Dónde está esa incompatibilidad que ustedes suponen, entre la ciencia y la religión, entre Dios y la razón humana, cuyo progreso en todo, según

Lessing, es un resultado de la constante operación divina y de sus revelaciones, que se suceden en oportuna sazón, cuando ya el espíritu del hombre está en aptitud de recibirlas?

Lejos de mí creer a usted malicioso. Yo creo a usted lleno de candor, y convencidísimo de sus errores; pero, al afirmar que la ciencia es incompatible con la religión, al poner entre ambas perpetuo conflicto, ¿no comprende usted que induce a mucha gente sencilla a dar en irreligiosa y en atea, por no parecer poco ilustrada?

Para tranquilidad de esta gente sencilla, bien puede asegurarse que, aún en el día, son más, muchos más, los sabios religiosos que los irreligiosos. La lista de los que creen en Dios, y hasta de los que son cristianos, vence en cantidad y en calidad a la lista de los sabios incrédulos. No hablo de filósofos, ni de doctores en ciencias morales y políticas: me limito a los que entienden y tratan las ciencias de la naturaleza. La química, la física, la geología, la astronomía, no se oponen, pues, a la fe, digan Draper y otros por el estilo lo que se les antoje. No son embusteros, ni hipócritas, Faraday, Murchison, Hugh Miller, Humphry Davy, Jorge Stephenson, el padre Secchi, Cuvier, Flourens, Cauchy, Biot, los Ampère, Chevreul, Pasteur y otros mil, que sería prolijo ir aquí enumerando.

A los que no hemos estudiado y sabemos poquísimo de ciencias naturales, a cada paso tratan los físicos, químicos y biólogos incrédulos de taparnos la boca, echándonos en cara nuestra ignorancia. Como no hemos estudiado lo que ellos, no atinamos a explicarnos el universo sin Dios: la contradicción entre la razón y la ciencia. El mejor y más fácil modo de contestarles es citar a esos otros sabios que son de nuestra opinión, y a quienes no pueden recusar por ignorancia.

En 1865 hubo en Inglaterra, que no es país muy atrasado, un meeting o asamblea de naturalistas, químicos, astrónomos, etc.; y seiscientos diez y siete, nada menos, escribieron, firmaron y publicaron un manifiesto, declarando que las ciencias que profesan no van contra Dios, ni contra la religión, ni siquiera contra la Biblia. Si algo inventan o sostienen que parezca oponerse a la palabra de Dios o a sus Sagradas Escrituras, ya es porque la ciencia es incompletísima aún, y se debe esperar que, cuando se complete, se conciliará todo; ya es porque hemos interpretado mal el sentido de las

Sagradas Escrituras, de suerte que el descubrimiento científico no se opone a la misma palabra de Dios, a la torcida interpretación que le hemos dado.

Ya ve usted cuán poco irreligiosa es la sana y más docta mentalidad del siglo presente.

Toda religión tiene aún muchos creyentes y defensores, y la nuestra más que ninguna, aunque no he de negar yo que bastantes pequen con frecuencia por exceso de celo.

La revelación divina no pudo hacerse toda de una vez y sobre todo. La marcha ascendente del linaje humano, la ley de la historia, el desenvolvimiento intelectual de las sociedades y de los individuos, todo esto no sería, o las cosas serían de muy diversa manera, si Dios lo hubiera revelado todo en un solo momento: de un golpe. El hombre, además, o natural o sobrenaturalmente, hubiera sido hecho o rehecho por muy diverso estilo, para que se prestase a recibir la revelación, a entenderla, y a que no fuese en balde. El maestro va por sus pasos contados enseñando a sus discípulos, y no les explica la lógica antes de la gramática, ni el cálculo integral antes de las cuatro reglas de la aritmética.

Si los primeros patriarcas, y Abraham, y Jacob, hubieran enseñado toda la doctrina, nada hubiera tenido que revelar Moisés; y si Moisés lo hubiera enseñado todo, hubiera sido superflua la revelación de Cristo. Cristo mismo, en la última cena, cuando se despide de sus discípulos, declara que aún no lo ha revelado todo. «Aún tengo que deciros muchas cosas —pone el texto de san Juan—: mas no las podéis llevar ahora.» Esto es: ahora no os aprovecharían; no las comprenderíais bien. Y añade luego: «Mas cuando viniere aquel espíritu de, verdad, os enseñará toda la verdad». Lo cual, aunque se interprete con la más timorata interpretación, diciendo que eso que Cristo se dejó por decir se lo dijo a los apóstoles después de resucitado y lo inspiró el Espíritu Santo cuando bajó sobre ellos, todavía es prueba evidente de que no es la revelación simultánea y completa, sino sucesiva, y adaptándose a la capacidad de los hombres a quienes se hace. En confirmación de lo cual viene bien aquello de san Pablo a los de Corinto, cuando les dice que los alimenta con leche y no con manjares sólidos que no pueden digerir todavía.

Traigo aquí todo esto muy pertinentemente, ya que de no entenderlo se han seguido graves males. Bastantes sabios piadosísimos se han empeñado en probar que en la Biblia está todo y que Moisés sabía y revelaba cuanto hay que saber y revelar de física, química, matemáticas, paleontología, cosmogonía, etc.; y en cambio otros incrédulos, en esto no menos cándidos, se obstinan y se enorgullecen disputando con Moisés y probándole que no sabía el sistema de Copérnico, ni que el agua se componía de oxígeno y de hidrógeno, ni otras muchas cosas por el estilo. Los primeros deducen de esta disputa la verdad de la religión, y los segundos su incapacidad, su oposición a la ciencia y su mentira. Yo, sin ser sabio, en nombre de mi pobre sentido común, me atrevo a sostener que no tienen razón ni unos ni otros en sus deducciones.

Entre los apologistas de la religión cristiana hay un inglés, Samuel Kinns, cuya seguridad y cuyos argumentos para probar la concordancia de la revelación y la ciencia pasman por inauditos e inesperados.

Cuenta este señor que hay unos cerrajeros, paisanos suyos, Hobbs, Hart y Compañía, los cuales han inventado y fabricado ciertas llaves y cerraduras maravillosas, de que se vale el Banco de Inglaterra para poner a buen recaudo sus tesoros. Las guardas de cualquiera de estas llaves tienen qunice dientecillos movibles, que, colocándose, ya de un modo, ya de otro, dan lugar a 1.307.674.368.000 combinaciones. Con cualquiera combinación se echa la llave y solo se desecha o se abre con la combinación con que se ha cerrado. Hay pues, una sola probabilidad contra un billón y miles de millones, de que alguien abra sin saber la combinación.

Sentado esto, y sentado que los días de la Creación no fueron días, sino largos períodos de millones de años, Samuel Kinns pone quince actos creadores en el orden en que los pone la ciencia, y los concierta, en el mismo orden, con quince frases o expresiones bíblicas, que responden con exactitud a cada uno de esos actos. De esta suerte, imagina el apologista que deja demostrado que Moisés sabía, por revelación divina, todo lo que la ciencia ha descubierto, tres mil años después, acerca de la Creación del mundo. Al más rudo, si recapacita un poco, asaltan varias dudas y razones contra semejante discurso. 1.ª ¿Lo que la ciencia ha descubierto, lo ha descubierto bien, o saldremos el día menos pensado con que descubre otra cosa que invalida el descubrimiento de hoy? 2.ª ¿Dado que sea ya definitiva e inalterable la cosmogonía de la ciencia, hay o no hay algo de arbitrario y de más ingenioso que sólido en la armonía y ajuste perfecto de lo que dice la ciencia y de lo que dice la Biblia? Y 3.ª Aceptando por verificado y evidente todo lo que la ciencia descubrió de la cosmogonía, y por no menos exacto su acuerdo perfectísimo con las palabras de Moisés, ¿qué objeto ni qué propósito tuvo Moisés, ya que sabía todo aquello, de decirlo o ponerlo tan oscura y concisamente, que fuese logogrifo o acertijo que nadie había de adivinar sino más de tres mil años después?

Convengamos en que hubiera sido broma pesada, al menos por su duración, la que hubiera dado Moisés a todo el linaje humano, si sabiendo bien todo lo que ocurrió en el universo desde su origen, lo hubiera dejado en cifra que solo al cabo de treinta siglos se hubiera podido descifrar. ¿No sería mejor y más piadoso entender que las Sagradas Escrituras están divinamente inspiradas en todo lo que se refiere a la moral y al dogma, y que, en otros puntos, cuando el redactor del libro no es testigo ocular, o cuando trata de cosas que por inspección ocular no podían saberse, dice lo que en su tiempo se suponía o se imaginaba?

En virtud de esta distinción, a mi ver discreta, se evitarían lo menos las nueve décimas partes de las controversias entre los creyentes y los incrédulos: casi desaparecerían los supuestos o fantásticos conflictos entre la religión y la ciencia.

Uno de los más juiciosos apologistas que tiene hoy la religión cristiana, monseñor Van Weddingen, dice en sustancia lo mismo que estamos aquí diciendo. Cada profeta, cada padre de la Iglesia, según la física y la química de su tiempo, opinaba lo que mejor le parecía, y no es motivo para negarle o concederle la cualidad de profeta o de hombre inspirado por Dios, el que su opinión de entonces concuerde o no con la opinión de ahora, o, si se quiere, con la ya clara y manifiesta verdad de los físicos y de los químicos del día.

Dios, directa, materialmente, digámoslo así, y como el maestro enseña a sus discípulos, bien se puede afirmar que no enseñó matemáticas, astronomía, biología ni antropología a nadie.

Quedó, pues, cada hombre con aptitud y en libertad de inventar, de descubrir o de forjarse los sistemas que sobre cada una de esas ciencias le parecieran más conformes a la verdad.

Así, pues, y sirvan de ejemplo (refiriéndome siempre a monseñor Van Weddingen) san Basilio y san Gregorio de Nyssa que sostienen la espontánea generación de los gérmenes en la tierra y en el agua; y san Agustín, san Isidoro de Sevilla y otros padres, que casi son darwinistas. Dios creó al principio, según ellos, ciertos gérmenes, causas primordiales seminales, que así las llaman, las cuales fueron poco a poco desenvolviéndose. En resolución, termina el apologista citado: «El sabio jesuita Pianciani ha demostrado doctamente que sobre estos puntos delicados se concede entera libertad a la interpretación de cada individuo. La fe queda salva si se reconocen los derechos del divino Creador, y la irreductibilidad del alma de los primeros hombres a las funciones meramente orgánicas». Lo cual significa que sobre cualquiera de dichos puntos puede el sabio, o el que se figura que lo es, descubrir las verdades más inauditas o imaginar los más enormes disparates, sin producir conflicto con la religión, siempre que convenga en que Dios lo creó todo y en que ni hay, ni hubo nunca, ser orgánico, que pueda llamarse hombre, sin que Dios infunda en él un alma inmortal hecha a imagen y semejanza suya.

Yo me vuelvo todo ojos para hallar en los escritos de usted, y en otros escritos positivistas algo a modo de prueba de que estos dos conceptos, de Dios y del alma, son falsos. Lo que sí hallo es que, según usted, el concepto de Dios fue preparación indispensable para subir al grado de civilización a que hemos subido; pero ni usted ni nadie me dice qué día, ni qué mes, ni qué año, subimos a ese grado en que ya es menester desechar a Dios, ni por qué es menester desecharle.

Sin embargo, visto que no trato yo de convertir a usted a ninguna religión positiva, como usted ha tratado de convertirme a la religión de la humanidad, voy a prescindir aquí de multitud de dificultades y hasta a dar por verdad varios errores, o varias afirmaciones, que me parecen errores aunque no lo sean.

Supongo, pues, que el período teológico pasó ya, o dígase que no se debe ni se puede creer en revelación externa divina. Supongo, además, que también pasó ya para siempre el período metafísico, o dígase que ya no se puede dar ni aceptar ciencia fundada en revelación interna divina, o sea en lo absoluto, que se muestra en lo más íntimo y profundo de nuestro ser, y sobre lo cual estriba una ciencia fundamental a priori.

Supuesto lo antedicho, no nos quedará sino la ciencia que ustedes llaman positiva: la ciencia que se funda en el empirismo, en las observaciones que hacemos valiéndonos de los sentidos.

Quiero conceder, por último, que solo con esta ciencia, sin nada de metafísica que con ella se combine, no llegaremos jamás a una legítima demostración de la existencia de Dios: que todos los que han querido dar dicha demostración, cristianos y deístas, fray Luis de Granada, Newton, Voltaire, Flammarion, todos se han equivocado, según Kant lo prueba.

Nos quedamos, pues con el positivismo escueto: con las seis ciencias de la Enciclopedia de Comte y de Littré. Pero si por ellas no podemos llegar a lo sobrenatural para afirmarle, ¿por qué ni cómo hemos de llegar para negarle? Aun tomándonos la libertad de negarle sin fundado motivo, no explicaríamos las cosas, sino que las confundiríamos y enredaríamos más. El recurso del altruismo y del egoísmo para explicar lo bueno y lo malo, en moral, no vale, sin libre albedrío. Dice Vogt: «Si no me enseñan el alma, no creo que la hay»; dice Virchow, que como no ve el alma, no la acepta; y Feuerbach y cien otros aseguran que lo que piensa es el fósforo, lamentando mucho que, con tantas patatas como ahora se comen, los cerebros humanos se pongan pesadísimos e incapaces. En cuanto al vicio y a la virtud, harto sabida es la chistosa expresión de Taine: «El vicio y la virtud son productos químicos, como el vitriolo y el azúcar».

Inventemos, pues, un sistema, saliéndonos del método experimental, y haciendo sobre esto la vista gorda. Demos de barato que no hubo al principio más que el éter, o sea infinidad de cuerpecillos insecables, átomos dotados de fuerza eterna y de tres o cuatro movimientos perpetuos, uno en línea recta, otro giratorio y otro de pegarse unos a otros y formar poliedros. Con tanto moverse estos átomos, vino a resultar que sus fuerzas se contrapusieron maravillosamente, y todo se paró y quedó en equilibrio; y hubo tinieblas y silencio; si no la nada, algo parecido. Pero de súbito se rompe el equilibrio (y no sabemos por qué, aunque no sabemos tampoco por qué se estableció), y el equilibrio ya roto, empezaron a formarse pelotitas luminosas, y fue la luz; y luego, según se ajustaban y combinaban los poliedros, que los hubo sin duda de varias clases además de las pelotitas, salían sólidos, y líquidos, y gases; y luego vida, y plantas, y bichos; y luego hombres, y conciencia, y pensamiento: y sociedad, o historia, y revoluciones, y guerra, y progreso, y todo cuanto hay hasta ahora, y hasta que a los átomos se les antoje volver a la inmovilidad primera o sea al equilibrio, y nos quedemos otra vez a oscuras, o dígase, todo silencio, tinieblas y muerte.

Consideremos exacto todo esto como si lo hubiéramos visto, tocado y verificado. Y si el sistema no gusta, le modificaremos, o expondremos el de otro sabio por el mismo estilo. Pero, entonces, ¿qué razón hay para que merezcan alabanza y gloria Augusto Comte y Catalina de Vaux, por haber sido dos turrones de azúcar? ¿Qué responsabilidad tiene, qué castigo merece el más infame criminal por haber sido un frasco de vitriolo? Si yo soy altruista, es porque los átomos que me componen me llevan al altruismo, y si soy egoísta, es porque mis átomos confederados se hallan muy a gusto con su confederación y no quieren romperla, aunque se lleve pateta todas las otras confederaciones existentes o posibles.

Usted y gran número de otros positivistas honrados no se conforman con ser solo laboratorios de azúcar, y con que la virtud y la diabetes vengan a ser casi lo mismo. De aquí que hayan ustedes inventado o aceptado esa fantasmagoría o mojiganga del Ser-Supremo-Humanidad, que nada explica ni remedia.

Abrazada la doctrina del positivismo, negada toda religión, negada toda metafísica, desengáñese usted, no hay más recurso que caer en el agnosticismo.

Lo conocido, lo verificado por observación sensible y por experiencia, es como una isla, todo lo grande y hermosa que se quiera, pero circundada de mar tenebroso y sin límites. Esta isla, ¿quién sabe si tendrá cimientos que la mantengan firme en medio de ese mar, o si flotará sin cimientos a merced de las olas? Lo desconocido no queda lejos, aunque en el centro de la isla nos pongamos, sino que la invade toda, y está hasta en el aire que en ella se respira. Desesperados muchos de los habitantes de la isla, todos ellos sabios, o semisabios, han declarado lo desconocido incognoscible; pero algunos han recobrado la esperanza, y, con los medios que la isla da de sí, se han engolfado en el mar tenebroso y desconocido, a ver si le exploran. Uno de estos navegantes audaces es el señor Enrique Drummond, de que ya he hablado a usted, y de cuya navegación y descubrimientos tenía yo empeño en dar noticia, por ser tan curiosos: pero la empresa es atrevida y peligrosa y desisto de llevarla a cabo.

Básteme afirmar que no es, aislado capricho de Enrique Drummond esto de subir por la escala de las ciencias empíricas hasta la última y suprema hipótesis que lo explique todo, construyendo o reconstruyendo la metafísica y singularmente la teodicea. En todos los países cultos se advierten síntomas de tan ineludible propensión, y de la actividad que, movido por ella, el espíritu humano va desplegando.

En Francia acaba de aparecer un libro que llama ya la atención por el título solo, y donde se nota el pensamiento fundamental de que aquí se trata. El libro se titula El Porvenir de la metafísica fundada en la experiencia, por Alfredo Fouillée.

En nuestra misma España ha aparecido otro libro, que apenas he tenido tiempo de hojear aún, pero en el cual, por lo poco que he visto, presiento que el movimiento intelectual del mundo me depara un auxiliar poderoso. El autor de este libro (cuyo nombre, Estanislao Sánchez Calvo, confieso que al recibir el libro conocí por vez primera) quiere reconstruir también la metafísica: descubrir lo incógnito, que no es incognoscible para él, partiendo de las ciencias positivas; probar, en suma, que lo inconsciente de Hartmann, que es, en efecto, inconsciente para nosotros, es, por eso mismo, lo maravilloso, lo estupendo, lo certero, lo infalible, lo rico de providencia y de inteligencia, que mueve desde el átomo hasta el organismo más complicado: pero que este motor, de quien tal vez no tenemos conciencia los que por él somos movidos, la tiene él de sí y en sí, y lo penetra y lo llena todo, siendo al mismo tiempo todo y uno, porque si las demás cosas son algo, y si no son nada (porque no son él, es por el ser que él les da.

En resolución: ese prurito de producir formas, vidas y evoluciones; esa energía constante de los seres que siguen inconscientemente su camino prescrito, y van a su fin en virtud de leyes indefectibles y eternas, es la incesante operación de lo inconsciente, el milagro perpetuo de lo que, siendo inconsciente para nosotros, es supraconsciente, y es Dios.

El libro que expone y procura demostrar esta doctrina, con mucha ciencia y extraordinario ingenio, se titula Filosofía de lo maravilloso positivo. Su autor parte del positivismo; pero anhela fundar nueva metafísica y teología nueva, concurriendo, por lo menos, a probar, si no que el ateísmo es falso y que la vacía religión de la humanidad es absurda, que el ateísmo y la religión de la humanidad no contentan ni aquietan a nadie, ni valen para nada bueno.

Novela-programa

A la señora de R. G.

Mi distinguida amiga: Hace ya meses que me envió usted un ejemplar de Looking bachward, novela de Eduardo Bellamy, impresa en Boston en 1889. Enseguida di a usted las gracias por su presente; pero, como tengo tantas cosas que leer y tantos asuntos a que atender, confieso que no leí la novela, y la dejé arrinconada.

Pasó tiempo, y un día la novela cayó de nuevo por casualidad entre mis manos. Entonces reparé en una cosa en que no había reparado antes, y que no pudo menos de mover mi curiosidad hacia la novela. En letra mucho más menuda que el título y por bajo de él, decía la portada: two hundredth thousand.

Estas tres palabras me dieron dentera, o, si se quiere, envidia. Yo también soy autor, y no estoy exento de tener envidia a otros más dichosos autores.

Las tres palabras indicaban que de la flamante novela se habían vendido ya doscientos mil ejemplares cuando se imprimió el que yo había recibido. Desde entonces hasta ahora ha pasado tiempo bastante para que se vendan otros cien mil. Bien se puede afirmar, pues, que lo menos trescientos mil ejemplares de Looking backward han sido ya vendidos.

En ese país y en Inglaterra hay mucha librería circulante, y los libros además se prestan sin dificultad. No es exageración suponer que cada ejemplar ha sido leído por diez personas. El señor Bellamy, por consiguiente, puede jactarse de que han leído ya su obra tres millones de seres humanos. Sobre esta satisfacción de amor propio debe de tener además el gusto más sólido y positivo, suponiendo que sus derechos de autor son por cada ejemplar no más que diez céntimos de dollar, de haber cobrado a estas horas por su trabajo treinta mil dollars, o dígase bastante más de ciento cincuenta mil pesetas de nuestra moneda. Tan opimos derechos merecen, en verdad, el pomposo nombre de royalty, realeza, que tienen en inglés; mientras que los derechos de los autores españoles, salvo en rarísimos casos, debieran llamarse beggary, mendicidad o pobretería.

Compungido yo y descorazonado por esta consideración, vengo a sospechar a veces si todo, y singularmente los escritores, estaremos en España
muy por bajo del nivel intelectual de otros países. El que en España no se lea
no basta a explicar que no se lean nuestros libros. Si fueran buenos, me digo,
se traducirían y leerían en otros países, o bien en otros países aprenderían
el español para leernos. ¿No sucede esto por donde quiera, con los libros
que se publican en Francia? En nuestra península, y en toda la extensión
de la América hispanoparlante ¿para qué ocultarlo? Zola, Flaubert y Daudet
son más estimados que Alarcón, que Pereda, y hasta que Pérez Galdós, y
de seguro que se han leído y se han vendido más ejemplares de Nana o de
Germinal, o de La Tierra; que de Sotileza o de los Episodios nacionales.

Con los libros en inglés aún no sucede esto tanto en las naciones que
hablan nuestra lengua; pero los libros en inglés, si llegan a hacerse popu-
lares, no han menester de nuestro tributo. Harto se ve en Looking backward.
Tal vez sea yo, hasta ahora, gracias al ejemplar que usted me envió de presente, el único español que sabe de dicho libro, y de dicho libro, con todo,
se han vendido ya más ejemplares que de ninguna de las novelas de Zola:
del más glorioso y a la moda entre los novelistas franceses.

A pesar de cuanto acabo de exponer, quiero desechar mi abatimiento y
mi modestia; y, sin rebajar el mérito del escritor extranjero, entiendo que son
parte en la fama y en el provecho, que a menudo alcanza, lo bonachón y lo
candoroso que es el público de otros países, donde se rodea al escritor de
gran prestigio y se le presta autoridad que nosotros le quitamos.

Nosotros no tenemos mala voluntad a los hombres de letras; pero las circunstancias nos encierran en círculo vicioso de difícil salida. Aquí no pocos
hombres de mucho talento y bastantes de mediano medran, se enriquecen
y encumbran, politiqueando, tratando de curar enfermedades o defendiendo
pleitos. El que compone libros, si no tiene rentas, o bien si no tiene otras
ingeniaturas, permanece siempre casi pordiosero. Y de ello inferimos, ya
que el que compone libros está medio loco, ya que es incapaz de ser político hábil, abogado con clientes o médico con enfermos, por donde se da a
literaturas, como quien se da a perros, desengañado y desechado de profe-
siones más lucrativas.

Pero salgamos de tan tristes meditaciones crematístico-literarias, y hablemos de la novela del señor Bellamy.

Nada más rancio, trillado y manoseado que lo fundamental de su argumento. Es un caso de sueño o letargo prolongadísimo, del cual se despierta al cabo. Ya de Epiménides de Creta, que vivió seis siglos antes de Cristo, se cuenta que estuvo durmiendo cincuenta y siete años. Hermotimo de Clazomene, que floreció poco después, echaba también siestas muy largas; con el aditamento de que, mientras que su cuerpo dormía, su desatado espíritu se paseaba por todo el universo con la rapidez del rayo. En las edades cristianas, abundan más aún los durmientes, empezando por los siete, que, durante la persecución de Decio, se quedaron dormidos en una Caverna, y despertaron ciento cincuenta y siete años después, hallando muy cambiadas las cosas del mundo y el cristianismo triunfante.

No sé de país donde no haya cuentos, leyendas, comedias y zarzuelas que se fundan en esta base. Nosotros tenemos a nuestro don Enrique de Villena, que desde el siglo XV estuvo hecho jigote, y apareció y surgió a nueva vida en La redoma encantada, de Hartzenbusch. Por lo común, no se requiere determinación tan heroica como la de hacerse jigote, ni siquiera se exige sueño, para dar un brinco en el tiempo, y plantarse de súbito dos, tres o cuatro siglos más allá del punto de partida. Basta para ello un éxtasis, un arrobo o la traslación real a medio más dichoso, donde el correr del tiempo es más raudo.

Yo he leído un cuento japonés, en que un pescadorcillo es llevado a una isla encantada. Allí se casa con cierta mágica princesa. Vuelve a su tierra, en su sentir al cabo de un año, y reconoce que han pasado doscientos o más, que no tiene ya ni padre, ni madre, ni perrito que le ladre, y que nadie en su tierra le recuerda. Atolondrado, abre entonces una cajita, donde su princesa, cajita que le debía servir, no abriéndola, para volver a la isla encantada; y sale de la cajita un vapor, a manera de nubecilla blanca, que en lo alto del aire se disipa. Entonces siente que caen sobre él, con todo su peso, los doscientos o trescientos años que habían pasado, y pierde la lozanía de la juventud, y se trueca en un horrendo viejezuelo, que se encoge y consume hasta que muere.

La Leyenda áurea, las vidas de los padres del yermo, en todo país y en diversos idiomas, están llenas de casos semejantes, aunque menos lastimosos. Ya es un monje que se embelesa oyendo cantar un pajarillo, en un soto, cerca de su convento. Vuelve al convento, creyendo haber estado ausente una hora, y ha pasado un siglo. Longfellow ha puesto en verso una historia de esta clase. Ya, como en una preciosa leyenda italiana del siglo XIV, son dos monjes que se extravían en una selva; hallan una barca en la margen de apacible río; se embarcan, se dejan llevar de la corriente, y arriban al Paraíso terrenal. El querubín de la espada flamígera les da libre entrada; y Enoch y Elías los reciben y los agasajan, regalan y deleitan tan maravillosa y elegantemente, que se les hace muy cuesta arriba volver al convento, al cabo de una semana. Pero no hay más recurso que volver. Vuelven, y descubren que han pasado en el Paraíso terrenal la friolera de setecientos años.

La invención, pues, del señor Bellamy nada tiene de inaudita. Su héroe, Julián West, se queda dormido, en un sueño magnético, y despierta ciento trece años después. Se duerme en 1887 y despierta en el año 2000 de nuestra Era.

Se advierte en esto otro ingrediente capital, permítaseme la expresión farmacéutica, que entra en la confección de la novela del señor Bellamy. La novela es profética: nos pinta lo que serán el mundo y la humanidad dentro de poco más de un siglo.

Tampoco es esto nuevo. Pinturas proféticas por el estilo, acaso más divertidas y más brillantes y pasmosas, se han hecho en casi todas las literaturas. ¿Dónde está, pues, el valer de la novela? ¿Cuál ha sido la causa de su extraordinaria popularidad? A mi ver, el valer de la novela es grande y la causa de los aplausos justísima. Consisten en la buena fe y en el fervor con que el señor Bellamy cree y espera en lo que profetiza con alegre y profundo optimismo.

Sin duda que en Europa los descubrimientos e invenciones recientes de la ciencia experimental, la actividad fecunda de la industria, la facilidad de las comunicaciones, la creciente riqueza, las máquinas, el bienestar, el lujo y sus refinamientos, el telégrafo, el teléfono, el alumbrado eléctrico, las Exposiciones universales, los congresos de sabios y otras maravillas, han ensoberbecido y alentado por todo extremo a no pocos hombres, y les han hecho creer en un indefinido progreso humano; pero también esas mismas novedades, primores y adelantos, han influido, en sentido opuesto, en más hombres aún, volviéndolos canijos, descontentadizos, nerviosos y quejumbrosos.

El pesimismo existe desde antes de Job y de Buda; pero pocas veces ha estado más divulgado, más razonado y más boyante que en el día. Pocas veces ha sido, además, más negro y desesperado en Europa: ya porque se afirma la mayor dificultad, cuando no la imposibilidad, de ilusiones, de ideales, de creencias, o como quieran llamarse, que sirvan de compensación o de consuelo; ya porque se abultan los peligros en la resolución de urgentes y temerosos problemas; ya porque los impacientes y furiosos quieren resolver estos problemas con desmedida violencia y por virtud de los más truculentos cataclismos.

Inútil me parece detenerme en probar que, en Europa, y singularmente en la segunda mitad de este siglo que va llegando a su fin, hay más desesperación que esperanza, se ve oscuro y tempestuoso el porvenir, y son tétricas la filosofía y la literatura.

La risueña amenidad de algunos reformadores sociales, como Fourier por ejemplo, solo sirve ya para burlas. Los que en el día aspiran a reformadores, se llaman nihilistas, y aturden y aterrorizan a las clases conservadoras. Los poetas siguen siendo desesperados y satánicos, o bien dimiten, por suponer que la poesía se acaba. Sus negaciones, maldiciones y furores, en vez de salir en verso y raptos líricos, que solían tomarse menos por lo serio, se ponen hoy en prosa, con el método, el orden y las pretensiones didácticas de una ciencia. En vez de Leopardi, Byron o Baudelaire, tenemos a Schopenhauer. Las pasiones sublimes, los caracteres nobles y desinteresados, los dulces amores, las creencias profundas, todo lo ameno y hermoso se va arrojando de la narración escrita, donde se afirma que la imaginación no debe poner nada de su cosecha. Las obras, pues, de entretenimiento, las más leídas y admiradas, son cuadros horribles de vicios, maldades y miserias, en que el hombre, bestia humana, se revuelca en cieno y en sangre. La vida, en la realidad y en la ficción, aparece como una pesadilla cruel, o como una estúpida e indigna farsa, que, no merece ser vivida. El mejor término y remate de todo es morirse para descansar. La suprema bienaventuranza del mundo, la última victoria del saber y la más alta realizada aspiración del deseo, serían el totalicidio: que la ciencia nos hiciese poderosos para ahogar el necio prurito de vivir que fermenta en las cosas y matar el universo.

Cierto es que la misma exageración de los clamores y de las blasfemias hace que a veces se tengan por fanfarronadas, y que el hombre sereno las ría y no las deplore; pero la insistencia y la generalidad de tantas quejas se sobreponen a la risa, anublan el ánimo más despejado, y angustian al fin y meten en un puño el corazón de más anchuras.

En el conjunto, bien puede asegurarse que de ese otro lado del Atlántico, no hay que lamentar como endémica esta enfermedad del desconsuelo; reina cierta gallarda confianza en los futuros destinos de la humanidad. La tierra es nueva, vasta y pingüe, y cría savia abundante en cuanto se transplanta en ella. Si de una cepa vetusta, cubierta de filoxera y carcomida por el honguillo, tomamos un buen sarmiento, y le metemos en tierra a alguna distancia, el mugrón se transforma pronto en otra sana y fructífera cepa. Así me figuro yo que ocurre quizá al angloamericano en relación con el europeo. La prosperidad de esa gran República se diría que promete mayor auge e inmensa ventura para en adelante. Toda dificultad, en vez de desalentar, aumenta los bríos, y hasta regocija con la esperanza de vencerla. Hay ahí cierta emulación, cierta petulancia juvenil, que son útiles, porque persuaden a muchos de que América logrará lo que Europa no ha logrado; resolverá problemas que aquí tenemos por irresolubles, y realizará ideales que nosotros, ya cansados, agotados y viejos, abandonamos por irrealizables y quiméricos. Excelsior es la hermosa y extraña divisa que llevan ustedes en la bandera. Los poetas de ahí están llenos de presentimientos dichosos, y no lloran y se quejan tan desoladamente como los nuestros. La vida para ellos no es lamentación, sino acción incesante, a fin de avanzar más cada día,

Still achieving, still pursuing,

y dejando en pos

Footprints on the sands of time,

como dice Longfellow, en su Psalmo. Todo vate quiere hoy ser ahí más profeta que en parte alguna. Su misión es profetizar y no cantar:

Life sings not now, but prophesies.

Whittier es a modo de un Ezequiel de nuestro siglo. Con justicia se le saluda como al «cantor de la religión, de la libertad y de la humanidad, cuya palabra de santo fuego despierta la conciencia de una nación culpada y derrite las cadenas de los esclavos».

La poesía lírica de ahí inculca en sus mejores obras que querer es poder. La voluntad tenaz, valerosa y desenfadada, rompe todo límite que el saber imperfecto pone a lo posible. Un buen yankee (y permítame usted que llame así a sus paisanos, por no llamarlos angloamericanos siempre) un buen yankee, digo, alentado por su soberbia esperanza, es como el Reco de la bella leyenda de Russell Lowell; no duda de lograr su anhelo, y se considera como sobrehumano para lograrle.

> Reco no dudó ya de su ventura.
> Bajo sus pies a la ciudad volviendo,
> pensó que ufano el suelo florecía;
> que era más clara la amplitud del éter;
> que alas para cruzarle le brotaban;
> y que del Sol los rayos, en sus venas
> infundidos, prestaban a la sangre
> calor salubre y levedad celeste.

Esta fe en el porvenir, esta exultación del espíritu, que nada deja fuera de su alcance, ha sido la musa que ha inspirado su novela al señor Bellamy.

Al espirar el siglo XX, o dígase dentro de poco más de un siglo, la más portentosa revolución estará ya consumada; se habrá renovado la faz de la tierra; la condición humana habrá logrado mejoras extraordinarias materiales y morales, y la Jerusalén celeste, o, si se quiere, la suspirada ciudad de Jauja, habrá bajado del cielo, y extenderá su feliz y dulcísimo imperio sobre todas las lenguas, tribus y naciones del mundo. No quiere decir esto que una Jauja conquistadora tendrá sometido el resto del mundo, sino que la Jauja ideal se realizará por dondequiera, y todo el mundo será Jauja.

Entendámonos, sin embargo. La Jauja realizada en todas partes, no será la grosera y vulgar de que habla el proverbio; la Jauja donde se come, se bebe y no se trabaja. En el nuevo orden de cosas, en la flamante ciudad, no habrá nadie que no trabaje; hombres y mujeres serán trabajadores; pero merced a la ingeniosidad y primor de la maquinaria y a la superior organización del trabajo, el trabajo, lejos de ser fatigoso, será gratísimo.

La vida estará lindamente arreglada. Hasta los veintiún años dura el período de la educación en el nuevo régimen. Las escuelas son tan buenas, que apenas hay quien salga de ellas sin ser un pozo de ciencia, diestro en todos los ejercicios corporales; así de fuerza como de agilidad y de gracia; sano, hermoso y robusto. Como ya no sobrevienen (estamos en el año 2000) guerras ni desazones, y vivimos en una paz plusquam-octaviana, ni hay quintas, ni mucho menos servicio militar obligatorio. ¿Y para qué, si tampoco hay generales ni ejército guerreador? De lo que no se puede prescindir es de ejército industrial, y todo individuo tiene que servir en este ejército admirablemente regimentado. Pero el servicio es cómodo y ameno, como ya hemos dicho, y a la edad de cuarenta y cinco años termina. A la edad de cuarenta y cinco años recibe cada cual su licencia absoluta o bien se jubila. Y no porque ya se le crea inútil, sino porque ya ha cumplido con la sociedad.

Lejos de estar inútil el jubilado o licenciado, puede asegurarse que está en lo mejor, en el cenit de su edad. La higiene pública y privada, la medicina, la cirugía y el arte culinario han progresado de tal suerte, que el término ordinario de la vida es ya de noventa años. Quedan, pues, después de la jubilación otros cuarenta y cinco años de huelga y reposo, durante los cuales todo hombre y toda mujer disfrutan de las invenciones, fiestas, riquezas, esplendores, magnificencias y deleites que el trabajo, la industria y el ingenio sociales han producido y siguen produciendo, cada día con mayor abundancia, delicadeza, chiste y tino.

Dígole a usted, sin el menor sonrojo, que se me hace la boca agua al pensar en tan jubilante jubilación, en tan honrado y decoroso sibaritismo, y en tan verdadero gaudeamus y otium cum dignitate. Algo he extrañado, pero no para censurar, sino para aplaudir, que el señor Bellamy, que tantas cosas reforma o trueca, todo lo deja como está ahora en lo tocante a las artes cosméticas e indumentarias, flirt, noviazgos y belenes. Así da nueva prueba de que en amor y en belleza no hay más que pedir. Hemos llegado a la relativa perfección que, en lo humano, cabe en lo erótico y en lo estético. Lo que podrá conseguir el nuevo organismo social es democratizar la belleza, a saber: que haya más muchachas bonitas, y que no abunden las feas. También se conseguirá, implicado en el progreso del arte macrobiótica, que la hermosura y la edad de los amores duren doble o triple.

Me pasma que una cosa que aquí, en España, acabamos ahora de establecer como gran progreso, la deseche el señor Bellamy como barbaridad o poco menos. Hablo del jurado. Aunque en su república o utopía apenas ha de haber ignorantes, y en cambio ha de haber pocos pleitos que sentenciar y poquísimos delitos que castigar, todavía entiende el señor Bellamy que la ciencia del derecho es tan sublime y la administración de la justicia función tan egregia, que solo a los sabios la confía, mirando como profanación sacrílega que cualquier ciudadano lego intervenga en ella.

Hay otro punto trascendental, en que (yo lo celebro) va el señor Bellamy contra la vulgar corriente progresista. No quiere que la mujer ejerza los mismos empleos públicos que el hombre, y sea, v. gr., alcaldesa, diputada, ministra, senadora o académica. Todo esto le parece de una insufrible y antiestética ordinariez: lo que por acá llamamos cursi. La mujer, en su sistema, reinará en los salones; influirá en todo más que el hombre; inspirará a éste los más nobles sentimientos y altas ideas; le seguirá puliendo y gobernando y mandando, como ha sucedido siempre; y hará que él, por el afán de complacerla, enamorarla y servirla, sea o procure ser dechado de virtudes y modelo de distinción; discreto, limpio, peripuesto y atildado.

Encanta considerar lo mucho que se disfruta con el nuevo sistema ya establecido. La lucha entre el capital y el trabajo cesa por completo. No hay competencias entre fabricantes del mismo país, ni entre industrias de diversas naciones. Y no hay, por consiguiente, ni aduanas, ni derechos protectores, ni huelgas, ni ruinas y bancarrotas por competir. No hay tampoco un solo soldado que mantener, ni un solo barco de guerra que costear, ni instrumento de destrucción que pagar caro, ni bronce que fundir sino para campanas que repiquen, ni pólvora que gastar sino en salvas.

Síguese de aquí la supresión de multitud de gastos tontísimos; del desorden y del despilfarro que la guerra industrial y la guerra de armas y aun la paz armada ocasionan, y de un enjambre de zánganos o personas inútiles para la producción de la riqueza, ya que se emplean o en dislocarla jugando a la bolsa y en otras especulaciones y operaciones, o en impedir aparentar que impiden que la disloquen, manteniendo lo que ahora se llama orden público, aunque, según el señor Bellarny, es un caos enmarañado.

Resultará de tan atinada supresión que nademos en la abundancia, sin que ahogue la plétora de productos. Con el trabajo moderadísimo, que durante veinticuatro años ha de dar cada individuo, bastará y sobrará para que vivamos todos como unos nababes o reyes durante noventa años.

Varios descubrimientos científicos, previstos o columbrados por el señor Bellamy, conspiran a este fin. El Sol, la electricidad y otras energías ocultas en fluidos impalpables, o en el éter primigenio, nos prestan calor, luz y fuerza productora y locomotora. En vez de enviar por el correo paquetes postales, van por tubería desde los almacenes, con una velocidad de todos los diablos, trajes, brinquillos, alhajas y hasta pianos de cola y coches de cuatro asientos. Tal modo de remitir, o su artificio, se llama el teléstolo o el telepístolo, y es complemento del telégrafo y del teléfono.

Este último, el teléfono quiero decir, se ha perfeccionado ya por tal extremo en nuestra Utopía, que cada cual le tiene en su casa, y sin salir de ella, oye, si quiere, óperas, comedias, sermones y conferencias de ateneos y universidades, sin perder nota, ni palabra, ni tilde.

En resolución, sería cuento de nunca acabar si quisiese yo explicar aquí, con todos sus pormenores, lo bien que estará el mundo dentro de ciento trece años.

Todo esto es maravilloso, pero lo es mil veces más lo que he sabido por cartas y periódicos de ahí, y singularmente por el número de febrero último, que usted me ha enviado, del Atlantic Monthly, excelente revista de literatura, ciencias y artes, que se publica en Boston.

En los Estados Unidos ha entusiasmado Looking backward, no solo como libro de mero pasatiempo, sino como programa práctico de renovación y salvación sociales.

Más aún que en el triunfo antiesclavista influyó la celebrada novela de la señora Harriet Beecher Stowe, se aspira a que influya la novela del señor Bellamy en otros triunfos más completos y en la realización de otras novedades mayores.

Se ha formado un partido, nationalist party, del que es Vademecum la novela Looking backward. El nuevo partido se organiza y cuenta ya con ciento ochenta clubs, esparcidos por varias poblaciones. Hasta ahora no ha acudido este partido a los comicios o a las urnas electorales; pero acudirá pronto. Dicen que se han alistado en él más gente de refinada educación y más mujeres que obreros. Hay en él, añaden, a large amount of intellect and comparatively little muscle, como si dijésemos, pocos músculos y muchos nervios; pero, como quiera que sea, si es admirable que sobre un libro de imaginación, que sobre un ensueño poético, se funde un partido, no es menos admirable la calmosa serenidad con que se miran en los Estados Unidos estos movimientos socialistas, que por aquí asustan o inquietan no poco a los burgueses y a los ricos.

Yo tengo muy buena opinión de los ingleses y de sus descendientes los angloamericanos. Creo que son ustedes menos sensatos que lo que nos otros creemos y que lo que llamamos ser sensatos, esto es, que la sensibilidad y la fantasía son en ustedes poderosísimas. De aquí la facilidad con que se entusiasman por un libro o por una teoría. Hará ocho años que Enrique George publicó una obra socialista, que se hizo tan famosa como la del señor Bellamy. También de ella se vendieron centenares de miles de ejemplares. Los conservadores de ahí, y no hay que negar que tienen gracia en esto, convierten en argumento contra las censuras de la actual sociedad, que se leen en tales obras, ese mismo pasmoso éxito que las obras obtienen. Bellamy y George describen al pueblo, antes de sus reformas, sumido en horrible pobreza, ignorante, rudo, por culpa de la sociedad. Por bajo de los ricos, dichosos y educados, hay, suponen, una hambrienta y ruda caterva de esclavos del trabajo. A lo cual los conservadores responden: «Si las cosas son así, ¿de dónde salen los trescientos mil sujetos con dinero de sobra para comprar los libros de ustedes, y los millones de sujetos con tiempo y humor para divertirse leyéndolos? Si estuviesen hambrientos no leerían para distraer el hambre». Pero, en mi sentir, no tienen razón en esto los conservadores. Puede haber en un país de sesenta millones de habitantes trescientos mil compradores de un libro que valga tres pesetas y mucha hambre y mucha miseria además.

El Atlantic Monthly trae un extenso artículo de un señor Walker, refutando las doctrinas del señor Bellamy y del partido nacionalista. Yo, en ciertos puntos, doy la razón al señor Walker; en otros no puedo dársela, y en bastantes puntos, lo confieso, me apesadumbra que el señor Walker tenga razón. Es un dolor que ideal tan agradable se desvanezca; que se reduzca a ensueño fugaz un porvenir tan magnífico y próximo.

La verdad es que, como el héroe de la novela, Julián West, se pasa durmiendo los ciento trece años durante los cuales cambia la faz del mundo, Julián West no ve cómo se verifica el cambio. Bellamy se guarda de decirlo, y su impugnador Walker no se hace cargo tampoco de esta importantísima mutación, completa ya en el segundo milenio de la Era Cristiana.

Bellamy, cuando empezó a escribir su novela, puso el cambio mucho más tarde. La reaparición de Julián West, en el mundo renovado, ocurre en el tercer milenio; en el año de 3000. Después reflexionó Bellamy que, al poner tan largo plazo, si bien hacía la mutación mucho menos inverosímil, casi quitaba toda mira práctica a su libro, pues no se forma partido militante, ni se organizan clubs, ni se escriben plataformas o programas, por meramente posibilista que se sea, para realizar algo dentro de mil ciento trece años. Entonces rebajó mil años, y dejó solo ciento trece.

Por lo visto era indispensable, o por lo menos conveniente y apocalíptico, que la renovación se nos revelase en un milenio. Durante mucho tiempo, en el horror y en las tinieblas de la Edad Media, imaginaron los hombres que la fin del mundo sería el año 1000. Ahora que vivimos mejor, hemos adelantado mucho y no debemos, estar desesperados, importa imaginar, para el año de 2000, una risueña y deleitosa Apocalipsis.

Al imaginarla y escribirla, nos presenta Bellamy su nueva Jauja, su nueva Jerusalén ya fundada; pero tiene la astucia de no hablar de la destrucción de la ciudad antigua sobre cuyas ruinas se levanta la nueva. Sin duda ha omitido esto, pasándolo en silencio mientras duerme Julián West, a fin de no aterrar al público.

Supongamos perfectamente realizable el plan de Bellamy, sin que tenga cambio radical la humana naturaleza; todo por obra del mecanismo social.

Para destruir el actual mecanismo, que tantos intereses sostiene, y para destruirle pacífica mente, por evolución, como Bellamy quiere que sea así en la novela como en el programa publicado después por su partido, me parecen pocos los mil ciento trece años. Y si la destrucción o la mudanza ha de ser solo en ciento trece años, entonces no será por evolución, sino en virtud de una revolución tremenda y de encarnizadas y horribles guerras sociales. No de otra suerte se concibe que los que tienen se dejen despojar de cuanto tienen para que el pueblo se incaute de ello, y, sin quedarse con nada, se lo entregue al Estado, que venga a ser, como representante y gerente de la nación, el único capitalista.

Aunque para el despojo de los propietarios se valga la nación o el Estado, su gerente, de mil habilidades, no conseguirá que no sea despojo, ni que tranquilamente se consume. El medio más suave que se ve es dar un plazo a los tenedores de papel de la deuda; pagarles hasta entonces algo más de tanto por ciento, y anunciar que después no cobrarán nada. Esto bastará para que los fondos bajen a cero y quede la deuda destruida. A todas las grandes empresas industriales se les podrá fijar un plazo también a cuya espiración todo será del Estado, como los ferrocarriles. Y en cuanto a los pequeños industriales, labriegos, terratenientes, etc., se les podrá ir poco a poco aumentando la contribución, hasta que adviertan que es una tontería quebrarse la cabeza cuidando de los instrumentos de producción, tierra, aperos de la labranza, etc., para entregar luego al Estado casi todo lo pro-ducido. Entonces dirán al Estado, quédate con todo, o, sin que se lo digan, el Estado se quedará con todo para cobrarse de lo que deban a la hacienda pública.

De esta suerte, y a mi ver no sin violentísima oposición, que será menester sofocar, se logrará la primera parte del programa del señor Bellamy: que se convierta en hacienda pública cuanta hacienda haya.

Verificada así la incautación total, quedará por cumplir la segunda parte del programa, que me parece mucho más difícil todavía; que el Estado incautador nos alimente, nos vista, nos divierta y nos regale a todos con esplendidez y elegancia, sin que cada uno de nosotros le dé más que el trabajo que podemos dar en un poquito más de la cuarta parte de nuestra vida, ya que las otras tres cuartas partes quedan para holgarnos.

A toda persona profana se le ofrecen montes de dificultades para que se realice, sin tropiezo, plan tan exquisito. Lo primero que cree necesitar es una fe tan profunda y una confianza tan omnímoda en el gobierno, convertido en capitalista, como la que Cristo en el Sermón de la Montaña, nos recomienda que tengamos en nuestro Padre que está en el cielo, el cual nos dará el pan de cada día y cuanto nos haga falta por añadidura, de suerte que, sin preocuparnos del día de mañana, viviremos como los pajaritos del aire, que no acopian trigo en graneros y Dios los alimenta. Lo segundo que nos asusta es la serie de borrascas parlamentarias y aun de pronunciamientos que habría (en España, pongo por caso) para quitarse el poder unos a otros, si el poder se extendiese a repartirlo todo, cuando hoy nos alborotamos tanto por repartir, quiero suponer, para que no se me tilde de exagerado, la tercera parte, a lo más. Y lo tercero que aterra es la inhabilidad vehementemente sospechada en que pudieran incurrir los encargados de dirigir todas las operaciones de la riqueza (producción, circulación y consumo), cuando hoy yerran tanto los gobiernos, sin emplearse apenas sino en repartir y en consumir. Sabido es que lo más difícil de esta ciencia, arte y oficio de la riqueza, es el producirla. Repartirla y consumirla es mucho más llano; y hasta ahora los gobiernos casi no se emplean sino en repartir y en consumir, a no ser que se considere producción el orden y la seguridad que nos dan, o que se presume que nos dan, por medio de la justicia y de la fuerza pública, para que los que producen algo lo produzcan tranquilamente y sin temor de que los despoje nadie, como no sea el gobierno mismo.

Milita en pro de la vehemente sospecha de incapacidad de todo gobierno para producir la riqueza, esto es, para ser fabricante, agricultor o comerciante, la consideración de que el gobierno vende o arrienda y no administra lo que posee. En España apenas ejerce ya por sí otra industria que la del banquero en el juego de la lotería, pues vende las tierras que eran del Estado, y arrienda sus minas, y arrienda, por último, el monopolio del tabaco, con lo cual el público fuma mejor y más barato.

Todo esto lo dirán los no iniciados en las doctrinas y en el plan que expone en su novela Bellamy; pero los iniciados responderán que el nuevo artificio administrativo es tan prodigioso, que por su virtud, y no por la ciencia y buena maña de los administradores, ha de salir todo bien. Así, valiéndonos de un símil, cualquiera hallará absurdo el suponer que alguien, si ignora la música y no tiene ejercitadas y diestras las manos, toque en el piano, v. gr., la marcha del Tannhauser de Wagner; pero merced a cierta maquinaria y a ciertos cartoncitos que se han inventado, todo hombre, y hasta un niño si no es manco, toca al piano lo que quiere dándole a un manubrio.

Hay, pues, una nueva ciencia de la administración, para cuyo estudio no es menester leerse el fárrago enorme, aunque digesto, recopilado por los Freixas y Clarianas, y Alcubillas. Basta con estudiar y empaparse bien en algunas páginas de Looking backward. Entonces, conocidos o atisbados los recursos de que la nueva ciencia dispone, se cobra confianza, y se ve que hasta el más porro puede dar vuelta al manubrio administrativo.

Algo del portento de su mecanismo se presiente al observar los buenos efectos que hasta el mecanismo administrativo de hoy, con ser tan complicado, produce en ocasiones.

Cierto amigo mío (confieso que en extremo maldiciente) suponía sin motivo que un director general de correos, que hubo muchos años ha, distaba bastante de ser un águila; y, sin embargo, añadía: ¿Quieren ustedes creer que recibo de diario todas las cartas que me escriben, sin que se extravíe una sola? De aquí infería él que la administración era perfectísima, y que por sí sola hacía infaliblemente los servicios.

Aplicada a los demás ramos esta perfección del de correos, queda resuelto el problema y triunfante el plan de Bellamy, salvo que en otros ramos se requiere mayor seguridad para no andar siempre con el alma en un hilo; porque, si ponemos a un lado un corto número de nobilísimas almas, el vulgo de ellas se preocupa, más que de recibir tiernas epístolas, de recibir el corporal alimento, y prefiere el cuervo de Elías a todas las palomas mensajeras, aunque sean las del propio carro de Venus.

Pero, en fin, Bellamy afirma que por su sistema lo recibiremos todo con seguridad y regularidad indefectibles. El sistema de Bellamy merece, pues, ser examinado.

Para mí no valen algunos prejuicios con que los descontentadizos e incrédulos, desde luego y sin examen, le desechan.

Imposible parece, dicen, que, siendo tan fácil la reforma, por cuya virtud habrá felicidad, paz y holganza universales, no se haya antes ocurrido a nadie la reforma. Pero esto tiene muy obvia contestación. De no pocas de las más benéficas invenciones de estos últimos tiempos se puede decir lo mismo. Desde antes que apareciese el linaje humano hay hulla u hornaguera en nuestra mansión terrestre, y a nadie, hasta hace poco, se le antojó emplearla para combustible. Desde que hay ollas y se guisa, brinca la tapadera cuando hierve el caldo, y, si no sale el vapor, se quiebra la olla; pero nadie, hasta nuestros días, pensó en aplicar esta fuerza a la industria. Nadie ha ignorado jamás que el humo o todo fluido más leve que aire, o el aire mismo rarificado por el calor, sube y se sobrepone al aire más denso; pero, hasta fines del siglo pasado, nadie renovó con éxito, y por medios naturales, algo del arte de Dédalo, de Abaris y de Simón el Mago.

¿No puede haber acontecido lo propio con el invento del señor Bellamy, y que de puro sencillo nadie diese con él hasta ahora? A esto se objeta que, siendo mil veces más importante por sus efectos la invención del señor Bellamy, parece antiprovidencial y harto caprichoso, o sea contrario a las sabias leyes que deben presidir a la historia, que un sistema del que depende la redención de la humanidad haya tardado tanto en formularse. Pero este argumento tiene visos de ser de mala fe, aunque no lo sea. Nada nos da motivo para afirmar que el señor Bellamy presenta su plan como independiente del progreso realizado hasta hoy. La trabajosa y larga marcha de la humanidad no pudo ahorrarse con su plan. Bellamy, si hubiera nacido en tiempo de los faraones, no hubiera podido inventarle ni divulgarle entonces. Bellamy, si es lícito aplicar a lo mundanal lo trascendente, y expresar lo profano con frases que remedan frases divinas, puede decir que no ha venido a derogar la ley de la historia, sino a que acabe de cumplirse, o mejor dicho, a que siga cumpliéndose, ya que no se infiere tampoco de la lectura de Looking backward que en el año de 2000 habrán llegado los hombres al término de su carrera, sino que habrán dado un gigantesco paso más, un salto estupendo, y a mi ver peligroso, en ese camino, cuya meta final él ni pone ni descubre.

His ego nec metas rerum nec tempora pono.

Y aquí, aunque parezca inoportuna digresión, se me antoja comparar la cándida espontaneidad americana con el arte reflexivo de los franceses. Zola ha escrito ya quince o veinte novelas, y siempre promete revelarnos en la última el enigma, darnos el resultado de todos sus estudios en la novela experimental, y exponernos su sistema. Bellamy, por el contrario, dice cataplún, y lanza su sistema de repente.

Yo no atino a prever desde aquí si el partido nacionalista, que de él ha nacido, vendrá a importar tanto o más que el libro de Enrique George y que la ingente asociación u orden de los caballeros del trabajo, Knights of labor, en el movimiento de socialismo que se advierte por todas partes, y que ahí tiene cierto carácter optimista que me hace gracia: pero, a pesar de mis cortísimos conocimientos económicos, como yo tuviese humor y vagar para ello, aún había de escribir a usted largo, diciéndole mil cosas que me sugiere Looking backward y lo escrito en contra por Walker.

Entretanto, me complazco en repetir que me admira la serenidad y que simpatizo con la confianza regocijada que se nota en toda manifestación de ese pueblo joven.

El plan de Bellamy no se limita a dar por resuelto el más difícil y temeroso de los problemas económicos, sino que resuelve o da por resuelto también el magno problema de la paz y del desarme universales; sin decirnos cómo puede ser esto, cuando las naciones se arman más cada día, y cuando desde 1850 ha habido en el antiguo y en el Nuevo Mundo guerras tan sangrientas y costosas. Es de desear que el señor Bellamy escriba otra novela, o la continuación de la misma, en que nos explique cómo además de haberse logrado el bienestar económico de cada nación, se habrá logrado también, en el año 2000, que las naciones no se combatan ni se amenacen como en el día.

Dispénseme usted que me haya extendido tanto en darle mi opinión, aunque tan incompleta, sobre la novela que me ha remitido.

Fin

Libros a la carta

A la carta es un servicio especializado para

empresas,

librerías,

bibliotecas,

editoriales

y centros de enseñanza;

y permite confeccionar libros que, por su formato y concepción, sirven a los propósitos más específicos de estas instituciones.

Las empresas nos encargan ediciones personalizadas para marketing editorial o para regalos institucionales. Y los interesados solicitan, a título personal, ediciones antiguas, o no disponibles en el mercado; y las acompañan con notas y comentarios críticos.

Las ediciones tienen como apoyo un libro de estilo con todo tipo de referencias sobre los criterios de tratamiento tipográfico aplicados a nuestros libros que puede ser consultado en Linkgua-ediciones.com.

Linkgua edita por encargo diferentes versiones de una misma obra con distintos tratamientos ortotipográficos (actualizaciones de carácter divulgativo de un clásico, o versiones estrictamente fieles a la edición original de referencia).

Este servicio de ediciones a la carta le permitirá, si usted se dedica a la enseñanza, tener una forma de hacer pública su interpretación de un texto y, sobre una versión digitalizada «base», usted podrá introducir interpretaciones del texto fuente. Es un tópico que los profesores denuncien en clase los desmanes de una edición, o vayan comentando errores de interpretación de un texto y esta es una solución útil a esa necesidad del mundo académico.

Asimismo publicamos de manera sistemática, en un mismo catálogo, tesis doctorales y actas de congresos académicos, que son distribuidas a través de nuestra Web.

El servicio de «libros a la carta» funciona de dos formas.

1. Tenemos un fondo de libros digitalizados que usted puede personalizar en tiradas de al menos cinco ejemplares. Estas personalizaciones pueden ser de todo tipo: añadir notas de clase para uso de un grupo de estudiantes,

introducir logos corporativos para uso con fines de marketing empresarial, etc. etc.

2. Buscamos libros descatalogados de otras editoriales y los reeditamos en tiradas cortas a petición de un cliente.